論集 東大寺と弘法大師空海

ザ・グレイトブッダ・シンポジウム論集第二十一号

東大寺

表紙カバー　杉本健吉 画伯

序

「お大師さま」として広く知られる弘法大師空海は、東大寺戒壇院に於いて得度受戒されています。その後、留学僧として入唐し、唐において真言密教を受法されました。帰国後、弘仁十三年（八二二）には、東大寺に灌頂道場たる真言院を創設、真言密教の拠点、礎とされています。このことは真言宗が、学問寺である東大寺において研学すべき八宗の内のひとつと位置付けられる契機ともなりました。また、お大師さまの実弟である貞観寺僧正真雅やその弟子である理源大師聖宝も東大寺に入られたことにより、その系譜は脈々と伝えられ、東大寺とお大師さまや真言宗とのつながりは、非常に深く長いものとなりました。

本書は、弘法大師ご誕生一千二百五十年を記念して昨年開催致しました、第二十一回ザ・グレイトブッダ・シンポジウム（ＧＢＳ）「東大寺と弘法大師空海」での講演・報告をもとに新たに成稿された論文集であります。各論文をお読みいただき、東大寺の教学・歴史・美術を通してみえる、お大師さまのお姿に思いを巡らせていただければと思います。

最後に、開催回数も二十回を越えて新たな段階に入った本シンポジウムに対し、皆様のより一層のご支援を賜りたく、心よりお願い申し上げます。

令和六年十一月二十三日

第二二四世東大寺別当　橋村公英

目次

基調講演

空海と南都仏教

—東大寺真言院を中心に—

武内孝善

はじめに

若き日の「還源《げんげん》を思いとす」る苦悩から仏教の世界に入った空海は、虚空蔵求聞持法と出逢い、その実修によって体感した強烈な神秘体験の世界が、いかなる世界であるかを探求する道程のうえで唐に渡り、唐の都長安で、体感した世界が密教なる世界であったことをはじめて知った。その世界を究めんとして、密教の第一人者・恵果阿闍梨と出逢い、恵果の所持していた最新の仏教である密教の真髄を余すところなく受法し、密教の正統を伝える第八祖となった。そのため、二十年の留学予定を足かけ三年で切りあげて帰国した。三十三歳であった。

爾来、六十二歳で示寂するまでの三十年間は、最新の仏教＝密教の思想体系の構築と、この教えをわが国に弘め定着させる宣布活動にささげられた。その拠点となったのが、高雄山寺・乙訓寺・高野山・東寺、そして東大寺真言院であった。特に、東大寺内に創建されることになった東大寺真言院は、南都における密教宣布活動の拠点としては二つとない、絶好の場所であった。

そこで、この東大寺真言院の創建にいたる経緯とその意義について、先学の驥尾に付して考えてみたい。

本題に入る前に、考えておきたいことがある。それは、空海を論じたものの中に、気になることば・違和感をおぼえることばが二つあることである。一つは「密教」、いま一つは「真言密教」である。どこに違和感をおぼえるのか、私見を記してみたい。ここでは紙幅の関係から、後者だけを取りあげたい[1]。

「真言密教」なることばを、「三代の帝師と称せられた恵果阿闍梨を訪問し、真言密教を親しく伝授され[2]」「恵果から真言密教を学んだ空海」「本格的な真言密教を将来した空海[3]」「中国から空海によって真言密教が将来された[4]」などと使用するものが散見される。これらの用法からは、空海が入唐した当時、長安に「真言密教」なる密教思想体系が存在していたことになる。

この「真言密教」の用法は、今日、真言宗内でも乱れが見られる(5)ので、本来の意味・概念をいま一度確認しておきたい。私が学生時代に学んだ「真言密教」の概念は、つぎの通りである。

　真言密教とは、空海が唐から持ち帰った密教経論・儀軌などにもとづいて体系化した密教をいう(6)。

つまり、空海が入唐した当時、長安に「真言密教」なる密教思想体系が存在していた訳ではなかった。中国では、密教経典の翻訳が急務であって、密教思想を体系化するまでには至らなかった。その密教の体系化は、空海の手に委ねられた、と言われてきた。

よって、空海が入唐した当時、あたかも、長安に「真言密教」なる密教思想体系が存在し、その「真言密教」を空海が受法し、わが国に持ち帰ったとみなす表記・用法は誤用であり、改められるべきであると考える。

実は、空海の著作のなか、「真言密教」なることばが見られるのは、一カ所だけ、『秘蔵宝鑰』の最後のところが唯一である。そこには、「真言密教は法身の説」と「真言密教両部の秘蔵」との二つの語句が見られた。ここで、空海が「真言密教」をいかなる意味・概念をもったことばとして使用していたかを見ておきたい。

『秘蔵宝鑰』の第十「秘密荘厳心」の最初に、第十住心の概要を要約した偈頌があり、

　九種の住心は自性無し、転深転妙《てんじんてんみょう》にして皆《みな》是れ因なり。
　真言密教は法身の説、秘密金剛は最勝の真《しん》なり(7)。（傍線筆者）

と記されていた。これを現代語訳すると、つぎのようになろう。

　これまで説いてきた九種の住心は、さらに深く妙なる上位の住心に昇りゆく因位の階梯である。第十の住心・真言密教は、法身大日如来が覚りの境界をありのままに説き示した教えであり、秘密にしてダイヤモンドのように堅固で、最勝真実なる教えである。

そうして、『秘蔵宝鑰』の一番最後に、この偈頌を以下のように解釈している。

　真言密教は法身の説とは、此の一句は真言の教主を顕す。極無自性以外《いげ》の七つの教えは、皆是れ他受用応化仏の所説なり。真言密教両部の秘蔵は、是れ法身大毘盧舎那如来、自眷属の四種法身と、金剛法界宮及び真言宮殿《ぐうでん》等に住して、自受法楽の故に演説したもう所なり。十八会指帰等に其の文《もん》分明なり。更に誠《じょう》証《しょう》を引かず。秘密金剛最勝真とは、此の一句は真言乗教の、諸乗に超えて究竟真実なることを示すなり(8)。（傍線筆者）

現代語訳してみよう。

「真言密教は法身の説」とは、この一句は真言密教の教主、すなわち真言密教を説き示された教主を明らかにしたものである。第九住心に配する「極無自性心」以前の七つの住心は、すべて他《た》を楽しませるための仏＝他受用仏《たじゅゆうぶつ》と、人々を救済するためこの世に現われ出られた仏＝応化仏《おうけぶつ》とがお説きになった教えである。

「真言密教両部の秘蔵＝真言密教の根本聖典である『金剛頂経』と『大日経』が説く秘密の教え」とは、法身・大日如来が、自からの分身である自性・（自他）受用・変化・等流《とうる》の四種法身とともに、金剛法界宮および真言宮殿《ぐうでん》等に住して、覚りの境界を自ら楽しむために説かれた教え＝自受法楽の教えである。このことは、『十八会指帰』等に明確に説かれている。だから、

改めて論拠は示さない。

「秘密金剛最勝真＝秘密にしてダイヤモンドのように堅固で、最勝真実なる教え」とは、この一句は、真言乗の教えが、第九住心までの諸乗の教えを遙かに超越する最高にして真実なる教えであることを示したものである。

もし、空海が恵果和尚から受法したのが「真言密教」であり、持ち帰ったのが「真言密教」であったとすれば、帰国した当初から「真言密教」なることばを多用し、強調していてもよいと考える。しかるに、空海が「真言密教」を使用したのは晩年の天長七年（八三〇）であり、しかも一カ所だけであった。このことからも、「真言密教」なる密教思想体系が、空海が訪れた九世紀初頭の長安に存在していたとは考え難い[9]。「真言密教」とは、わが国において、空海が体系化した密教思想をさす要語なのであった。

以上、空海の密教思想を理解するうえで、きわめて基本的なことばの一つ「真言密教」の用法について記した。

一　東大寺真言院創設にいたる時代背景

空海は弘仁十三年（八二二）二月十一日、南都仏教の大本山とも称しうる東大寺の中央に、密教の重要な儀式・灌頂を行なう灌頂道場を建立し、一・五・九月と四～六月に、息災・増益の法を修すことを命ぜられた。東大寺真言院である。この灌頂道場の建立が命ぜられ、事がスムーズに進められた背景として、堀池春峰師は次のような事象を指摘された[10]。すなわち、

一、空海は、僧綱を掌握していた南都の高僧たち―如宝・永忠・護命・勤操など―との深い親交があったこと。また一方で、大安寺などの南都諸大寺に一族の子弟である実恵・智泉・真然等が入寺していたこと。

二、東大寺内に真言宗専攻の基盤を設けることが宮中に内道場、すなわち真言院を創設するとの悲願達成に至る近道であると、空海が考えていたこと。

三、南都の高僧たちで独占されていた僧綱が、真言宗の独立を認めることにより、最澄の大乗戒壇設立の動きを牽制できるとの考えをもっていたこと。

など、いくつもの要素がからみあって存在していたと言われる。

ここで、これら堀池師が指摘されたことのいくつかについて、確認しておきたい。

第一は、南都諸大寺の高僧たちとの交友の実際である。空海の漢詩文を集成した『遍照発揮性霊集』（以下、『性霊集』と略称す）、手紙類を集成した『高野雑筆集』（以下、『雑筆集』と略称す）には、南都諸大寺の高僧たちとの交流を物語る文章がみられる。それらを整理したのが、表1である[11]。

この表1によると、唐招提寺・興福寺・元興寺・大安寺、そして東大寺の高僧との交流の軌跡が、弘仁三年（八一二）から承和元年（八三四）にかけて、十八の文章・記録にみらた。これらを分類・整理すると、つぎのようになる。

1．南都諸大寺の高僧から代筆を依頼されて書いた上表文が1・4・8の三つ。

2．高僧を讃える影讃・詩頌が9・10・11・12の四つ。

表1　南都諸大寺に関する空海の文章

寺名	番号・日付け	文章名	僧名	出典
唐招提寺	1　弘仁三年七月　日（八一二）	大徳如宝、恩賜の招提寺封戸を謝する表	如宝	性霊集四
	2　弘仁三年九月　日（八一二）	如宝宛て空海書状	如宝	雑筆集上
	3　承和元年二月十一日（八三四）	招提寺の達嚫の文		性霊集八
興福寺	4　弘仁四年正月三日（八一三）	永忠和尚、少僧都を辞する表	永忠	性霊集九
	5　弘仁四年正月四日（八一三）	右表の勅書	永忠	性霊集九
	6　弘仁六年以前の九月一日（八一五）	空海宛て永忠書状	永忠	雑筆集上
	7　弘仁十年以前の十月（八一九）	玄賓法師に賜わる勅書	玄賓	性霊集九
元興寺	8　弘仁五年閏七月二十六日（八一四）	元興寺僧中璟が罪を赦されんと請う表	中璟	性霊集四
	9　天長六年九月十一日（八二九）	秋の日、僧正大師を賀し奉る詩並に序	護命	性霊集十
	10　天長六年九月二十三日（八二九）	暮秋元興僧正大徳の八十を賀す詩並に序	護命	性霊集十
大安寺	11　天長五年四月十三日（八二八）	故贈僧正勤操大徳の影讃並びに序	勤操	性霊集十
	12　天長五年四月十三日（八二八）	先師の為に梵網経を講釈する表白	勤操	性霊集八
	13　天長六年十一月五日（八二九）	空海、大安寺別当に補任される＝疑わしい		伝記集覧
東大寺	14　弘仁八年八月二日（八一七）	『実相般若経答釈』	奉実	
	15　弘仁十一年から数年後（八二〇）	知識の華厳会の為の願文		性霊集七
	16　弘仁十四年正月二十日（八二三）	酒人内公主の遺言	酒人内公主	性霊集四
	17　天長元年三月二日（八二四）	平城東大寺に於いて三宝を供養する願文	空海	性霊集七
	18　弘仁七年九月～同十一年九月（八一六）	「思渇之次」書状	奉実	雑筆集下

3. 仏事・法会を修した際、その目的・趣旨などを記した願文・表白類が3・15・17の三つ。
4. 高僧に宛てて出された書簡が2・18の二つ。
5. 求めに応じて書いた勅書が5・7の二つ。
6. 依頼されて書いた遺言状が16の一つ。
7. 東大寺臨壇和尚からの質問に応えて書いた「答釈《たっしゃく》」が14の一つ。

下から二段目「僧名」の欄は、文章を依頼した僧・影讃などの対象となった僧などを記したところである。

ここに記された如宝・永忠・玄賓・護命・勤操・奉実・中璟は、いずれもこの時代の仏教界を代表する重鎮であり、僧綱のトップにいて、仏教界を牽引していた高僧たちであった。これら僧綱のトップを占めていた高僧との繋がりができると、自ずとほかの僧綱のメンバーたちとの交流・人脈が生れ、交友関係が格段に飛躍していったと考える。

特に、この仏教界における交友関係の広さでは、最澄の比ではない、最澄は比べものにならない。それは人間としての大きさの違いでもあった、とも言われてきた[12]。その正否はさておき、いま少し、仏教界における交友関係をみておきたい。

淳和天皇は、地震が打ち続いていた天長四年（八二七）九月、怨霊として畏怖されていた中務卿親王＝伊予親王の霊を慰撫するため、橘寺において、追善の仏事ではもっとも鄭重な法華八講を修された。このとき空海は、「天長皇帝、故中務卿親王の為に田及び道場の支具を捨て橘寺に入るる願文」を書いた。なぜ、この願文に注目するのか。それは、この当時の僧綱を含めたトップクラスの高僧十五名の名前が記されているからである。その本文をあげてみよう。

謹んで天長四年九月日を以て、敬って薬師如来の羯磨身と日月遍照両大士の羯磨身とを造り、金文の蓮華法曼荼羅を写す。兼て致仕の僧都空海、少僧都豊安、致仕の律師施平、律師戴栄、泰演、玄叡、明福等を延屈し以て講匠と為し、泰命を都講とし、慈朝を達嚫とす。法相には中継、隆長等、三論には寿遠、実敏等、真言には真円、道雄等二十の智象を聴法の上首として、四箇日の間《あいだ》巻を開き、文を尽し、旗鼓して談義す。幷《ならび》に永く若干の色の物を捨入す。其の水田十余町は毎年の春秋両節にす、と云々。[13]（傍線筆者）

これは故人の菩提を弔わんがためになされた作善の様子を記した三段目のところである。すなわち、故伊予親王の追善菩提のために、薬師如来と脇侍の日光・月光両菩薩を造立し、金泥をもって法華経を書写し、空海をはじめ諸宗の学匠を屈請して講匠・都講・達嚫とし、二十の智象を聴法の上首として、四日のあいだ法華経を講讃した有さまと、あわせて水田十余町を春秋二季の講会料として橘寺に施入することが記されていた。

この「願文」をみて一番異様に感じるのは、講匠として名を連ねている十五名の僧、すなわち空海・豊安・施平・戴栄・泰演・玄叡・明福・泰命・慈朝・中継・隆長・寿遠・実敏・真円・道雄は、この当時のわが国を代表する高僧ばかりであったことである。興福寺本『僧綱補任』によると、泰演・泰命・隆長・寿遠・真円をのぞく十名が天長四年前後の僧綱の一員であった。天長四年の僧綱では、八名のうち、少僧都修円と律師修哲をのぞく六名―空海・豊安・施平・戴栄・玄叡・明福―がこの八講に出仕していた。[14]僧綱のメンバーは、みな南都諸大寺の僧であったことを勘案すると、ここに至って、空海の交友関係の驚異的な横への広がり、なかでも南都諸大寺への着実な人脈が築かれていたことが知られるのである。

第二は、弘仁三年（八一二）十二月十四日、高雄山寺で行なわれた胎蔵灌頂の受者のうち、太僧二十二名を見ておきたい。一つには、受者の本寺が記されており、そこに南都諸大寺の名が見られるからである。いま一つは、堀池師が二十二名の本寺を分析しているからである。ここにいう「太僧二十二名」とは、最澄の誘いに応じて馳せ参じた、具足戒を受けて正式の僧となっていた僧たちであった。『高雄灌頂暦名』[15]に記された太僧二十二名を、本寺別に整理したのが表2である。三段に分ち、上から順に①『暦名』の表記そのま

表2 『高雄灌頂暦名』に見られる南都諸大寺（＝太僧二十二名の所属寺院）

本寺	『暦名』僧名	堀池説	武内説
興福寺	最澄・光仁・恵暁	恵暁	恵暁
元興寺	賢栄・泰範（従人福勝）・延豊・円璟	賢栄・延豊・円璟	賢栄・泰範（従人福勝）・延豊・円璟
大安寺	円澄・叡勝・恵讃	叡勝・恵讃	叡勝・恵讃
東大寺	平智・願澄・霊龍	平智・願澄・霊龍	平智・願澄・霊龍
西大寺	証得（従人願恵）	証得	証得（従人願恵）
山階寺	光忠		
比叡山		最澄・泰範・円澄・光定・光仁・光忠	最澄・円澄・泰法・光定・光仁・光忠・康遠・恵徳
不詳	泰法・忠栄・長栄・康遠・康安・光定・恵徳	泰法・忠栄・長栄・康遠・康安・恵徳	忠栄・長栄・康安

ま、②掘池師の実状を勘案した説、[16]③筆者の勘案説、をあげた。

この表2から、二十二名のうち、『暦名』に本寺を記すのが十五名で、興福寺・元興寺・大安寺・東大寺・西大寺・山階寺の六つの寺名がみられた。残り七名には、本寺は見られなかった。

これに対して、掘池師は弘仁三年当時の実状を勘案して分類・整理された。すなわち、最澄・泰範・円澄・光定・光仁・光忠の六名を最澄配下とみなされた。表2では本寺欄を「比叡山」とした。

私も、実状を勘案した掘池説にならって「比叡山」の欄を設け、『伝教大師全集』に名前が確認できた泰法・康遠・恵徳を比叡山に分類した。[17]なお、泰範は弘仁三年六月、自らの意志で叡山から近江国高島郡に下山していたので、『暦名』のままとした。いまだ本寺が不明なのは、忠栄・長栄・康安の三名だけとなった。

これら太僧のなか、空海に関するのちの史料に名前がみえるのは、最澄・泰範・円澄の三名だけである。ただし、沙弥として名前が見られる真忠に注目したい。それは、弘仁元年九月の「薬子の変」で廃太子となった高岳親王を、承和四年四月六日付の青龍寺宛て実恵ら書状が「皇子禅師真忠」と記すからである。[18]いまだ確証はないけれども、この真忠は高岳親王の僧名と見なしておきたい。

第三は、空海が「一貫して南都仏教との間に協調的態度を堅持しつづけた」要因の一つに、「讃岐国佐伯直氏より、南都諸大寺に入寺していた学僧の存在も無視できない」といい、「空海の真言宗流布や開宗に当たって、南都諸大寺の名僧との関係を推進せしめる媒介となったことも否定できない[19]」といわれるのが、讃岐の佐伯直氏出身の僧の存在であった。そこで、空海の生家・佐伯直氏出身の僧を一瞥しておきたい。

空海の生家・讃岐国の佐伯直氏は、平安初期、多くの僧を輩出したことで有名である。真言宗には、空海のほか、その十大弟子に智泉・実恵・道雄・真雅がおり、高野山の伽藍を完成させた真然もその一人であった。また、法相宗には守寵が、天台宗には円珍がいた。

従来、これら多くの僧が輩出したのは、空海が入唐し、帰朝ののち名声をあげたことにより、一族の中から志あるものがわれもわれもと都に出てきて空海のもとに集まり、空海を支え、真言宗の基盤を創った、初期の真言宗教団を支えた、と考えられていた。

たとえば、角田文衞氏は、

この讃岐の佐伯直から空海が出、ついで知泉《ママ》・真雅・真然《しんねん》・智証などが輩出し、仏教界を制するにいたることなどは、今毛人の想像だに及ばぬところであった。[20]（傍線筆者）

といい、高木訷元師は、

一説に、空海の生家は今の善通寺伽藍の西に接していた地にあったろうという。その地には、すでに白鳳期から私寺があって、空海はそれを管理する別当のような家に生まれたと推定する説もある（上山・森編『空海を歩く』）。もしもそうだとすれば、空海が十二歳のころ、すなわち国学への正式入学の前年のころから、両親が空海を仏弟子にしようと考え、空海自身もまた仏門を志したことは自然の趨勢であり、後に空海の一族から多くの著名な出家者が輩出している事実も了解できることになる。[21]

（傍線筆者）

という。角田氏の傍線部の「ついで」、高木師の「後に」からは、「空海の名声があがるにつれて、一族から多くの出家者が輩出していった」とのニュアンスが感じられる。

しかし、事実はそうではなかった。このことに、私は最近気づいたが、堀池師は早くにこのことを指摘されていた。[22]すなわち、空海が入唐した延暦二十三年（八〇四）より以前に、すでに讃岐国の佐伯直氏からは、空海よりも十歳あまり若い実恵・道雄・守寵・智泉らが南都の寺に入り、仏道修行をはじめていたのであった。

ともあれ、空海一族から出家した僧を一覧表にしたのが、表3である。[23]

この表3にもとづいて、整理してみよう。

第一　実恵と守寵は、空海が入唐した延暦二十三年（八〇四）と翌二十四年に具足戒をうけて一人前の僧になっていた。当時の規定では、出家してから二年間（臨時の度者は三年間）、戒律の学習が義務づけられていたので、少なくとも具足戒を受ける四・五年前から南都にのぼり、仏道修行をはじめていたと考えられる。

表3　讃岐国の佐伯直氏出身の僧の経歴一覧

僧名	誕生年次	本寺	受具年次	示寂年次・行年	
空海	宝亀五年（七七四）	？	延暦二十二年（八〇三）	承和　二年（八三五）	六十二歳
実恵	延暦三年（七八四）	東大寺	延暦二十三年（八〇四）	承和十四年（八四七）	六十四歳
守寵	延暦三年（七八四）	元興寺	延暦二十四年（八〇五）	承和　八年（八四一）	五十八歳
智泉	延暦八年（七八九）	大安寺	延暦二十一年（八〇二）空海に師事	天長　二年（八二五）	三十七歳
道雄		東大寺		仁寿　元年（八五一）	
真雅	延暦二十年（八〇一）	東寺	弘仁十年（八一九）	元慶　三年（八七九）	七十九歳
真然	延暦二十三年（八〇四）	大安寺		寛平　三年（八九一）	八十八歳

第二　道雄も東大寺華厳宗の第七祖と称される経歴からみて、実恵と前後して東大寺に入り、修行を始めていたとみなしておきたい。

第三　智泉は、空海が入唐する前の延暦二十一年（八〇二）ころ、すでに十三・四歳で空海に師事し、同じく仏道修行を始めていたのであった。

以上より、実恵・守寵・道雄・智泉の四人は、空海が入唐する以前に、仏門に身を投じていたことは明らかである。これら佐伯直氏出身の僧を介して、南都諸大寺の僧たちとの交流が深められていったことは、間違いないといえよう。

空海の生家・佐伯直氏出身の僧について見てきたが、一族から多くの者がほぼ時を同じくして出家していることは、個人の意志ではなく、仏教界において出世し家名をあげたいといった、一族の総意にもとづいた行動の一つではなかったか。これらの僧の手本となり、多大な影響を与えたと考えられるのが、母の出自である阿刀氏出身の高僧たちの存在であった。[24]

従来、空海の生涯を論じるとき、阿刀氏出身の僧の存在には、全くといってよいほど留意されてこなかった。

今日、阿刀氏並びに阿刀氏の本家筋にあたる物部氏一族の出身とみなされている僧は、表4にあげた七名を数えることができる。3の阿刀僧以外は、いずれも奈良時代から平安初期を代表する著名な僧であった。生没年とその出自、そうして空海と同時代の僧にはその年齢差を併記した。

表4　母の出自・阿刀氏一族出身の僧

	僧名	生没年	出自	空海との年齢差
1	玄昉	？～七四六	阿刀氏の出身	
2	善珠	七二三～七九七	阿刀宿禰氏の出身	空海が二十四歳のとき示寂
3	阿刀僧	～七五七～	阿刀氏の出身	
4	義淵	？～七二八	母が阿刀氏の出身	
5	道鏡	？～七七二	弓削氏の出身	空海は示寂二年後に誕生
6	玄賓	？～八一八	弓削氏の出身	空海が四十五歳のとき示寂
7	賢璟	七一四～七九三	荒田井氏の出身（阿刀氏と姻戚）	空海が二十歳のとき示寂

表5　空海と同時代を生きた阿刀氏出身の僧

僧名	空海との年齢差	山林修行	修得した呪法	内道場への出仕	平癒した天皇
善珠	空海が二十四歳のとき示寂	？	般若の験	護持僧	安殿親王
道鏡	空海は示寂二年後に誕生	葛木山	如意輪法・宿曜秘法	看病禅師	孝謙上皇
玄賓	空海が四十五歳のとき示寂	伯耆国の山中	？	？	桓武・平城天皇
賢璟	空海が二十歳のとき示寂	室生山	延寿法	？	桓武天皇

　ではなぜ、これらの僧は名を残すことができたのか。その経歴をみていて、いくつか共通点を見いだすことができた。共通するのは、①山林修行による験力が認められたこと、②内道場に出仕していたこと、②天皇の病気平癒を祈っていること、である。内道場は、天皇の個人的な仏事を行う空間であった。そこで、天皇および天皇の近親者の病気平癒に力があったことを契機として、天皇の覚えめでたきをえて、徐々に名をなすようになっていったのであった。

　のちに、内道場につかえていた僧を、内供奉、または内供奉十禅師といったけれども、阿刀氏出身の僧で内供奉に任ぜられていた僧はいない。とはいえ、これらの僧は、山林修行によって身につけた摩訶不思議な力・験力《げんりき》が認められ、内道場に出仕するようになった。つまり、呪術力をもって名前を知られるようになった、と考えられる。この呪術力は、阿刀氏一族出身の僧だけが特別に身につけていたのではなく、禅師または看病禅師と称された僧は、呪術および医術にかんする知識・技術を身につけていたのであった。

　空海の母の出自である阿刀氏、ならびに同族出身の僧は、七名を数えた。なかでも、空海と同時代を生きた善珠・道鏡・玄賓・賢璟の四人について、空海との年齢の差、山林修行の有無、修得した呪術・呪法、内道場への出仕の有無、呪術により病気が平癒した天皇、などの項目を設けて、いま一度整理してみた。表5である。

　この表5を整理しておきたい。①空海は、賢璟・善珠とは二十年から二十四年のあいだ、玄賓とは実に四十五年ものあいだ、同じ時代を生きていた。②特に留意すべきは、賢璟がのちの桓武天皇に対して延寿法を修したのは空海が六歳のときであり、善珠が安殿親王（＝平城天皇）に般若の験をしめしたのは、『七大寺年表』にいう延暦元年（七八二）であったとすると、空海が八歳のときであった。③玄賓がはじめて都に招請されたのは、ちょうど空海が長安にいたときであったが、この時代を代表する験力の持ち主としてその名が知られていたので、入唐まえの空海がその存在をまったく知らなかったとは考えがたい。④一方、道鏡は、毀誉褒貶が入り乱れていたけれども、道鏡が示寂した二年後に生まれた空海の耳にも、かつての華々しい声望は届いていたであろう。

以上、空海の母の出自である阿刀氏とその一族からは、奈良・平安初期を代表する高僧が、きら星のように出ていた。空海をはじめ、讃岐の佐伯直氏出身の僧が出家するときの拠り所・目標となったことは、明白であるといえよう。

第四は、堀池師が、最澄に比べて、空海がさしたる抵抗もなく南都仏教に受け入れられた背景の一つに、「『十住心論』の包括的な真言密教の教判」のなかに、南都仏教の教えを全面的に取入れ体系化しているところにもあったといわれる。このことを確認しておきたい。

空海が確立した十住心思想の概略を記すと、次のようになる。(25)

十住心思想とは、菩提（＝さとり）を求める心のありかたを十の階梯にわかち、あわせて顕教と密教との差異・優劣を明らかにしたものである。すなわち、動物的本能的な生活をおくって他をかえりみない道徳意識以前の状態から出発し（第一）、節食し他にほどこすといった道徳意識（第二）、神を信じ永遠の生命（天に生まれること）を願うといった宗教を求める心の芽ばえ（第三）をへて、宗教的自覚が小乗仏教（第四・五）、大乗仏教（第六〜九）、そして最高の密教（第十）へと、内面的に次第に深められ高められていく過程をいう。十住心の名称は、つぎの通りである。

第一　異生羝羊心《いしょうていようしん》…欲望に満ちた凡夫の世界
第二　愚童持斎心《ぐどうじさいしん》…人乗＝人間界
第三　嬰童無畏心《ようどうむいしん》…天乗＝天上界〔以上の三つ、世間三箇の住心〕
第四　唯蘊無我心《ゆいうんむがしん》…声聞乗
第五　抜業因種心《ばつごういんじゅしん》…縁覚乗〔以上の二つ、小乗仏教〕
第六　他縁大乗心《たえんだいじょうしん》…法相宗
第七　覚心不生心《かくしんふしょうしん》…三論宗〔以上の二つ、権大乗〕
第八　一道無為心《いちどうむいしん》…天台宗
第九　極無自性心《ごくむじしょうしん》…華厳宗〔以上の二つ、実大乗〕
第十　秘密荘厳心《ひみつしょうごんしん》…真言密教〔密教〕

この十住心思想には、二つの主題がみられる。第一は、菩提（＝さとり）を求める心、あるいは人間の意識の発達過程を十段階にあとづけたもの。第二は、空海当時知られていた、インド・中国・日本のあらゆる思想・宗教をとりあげ、密教眼・密教の智恵を基準として価値判断を加え、それぞれを位置づけたものである。

前者によると、第十だけでなく、第一から第十にいたるすべての住心が、密教の境地となる。これを九顕《くけん》十密の思想といい、『十住心論』に説かれる。後者によると、第一から第九までは顕教、第十住心だけが密教の境地となる。これを九顕《くけん》一密の思想といい、『秘蔵宝鑰』に説かれる。

空海は、十住心思想は自心・わが心とは何か、自身・わが身体とは何か、おのれとは何者か、をつきつめた第十の密教世界にいたる道筋、すなわち暗き低位の住心にとどまらないで、漸次《ぜんじ》明るい高位の住心に向上すべき次第を説いたのだともいわれる。

ともあれ、法相宗が第六住心に、三論宗が第七住心に、華厳宗が第九住心に位置づけられているが、これらも密教の世界の一部であると、空海はみなすのであった。

二　東大寺別当補任説をめぐって

空海と東大寺を論じるとき、第一にあげられてきたのは、弘仁元年（八一〇）、第十四代の東大寺別当に補任されたことであった。たとえば、渡辺照宏・宮坂宥勝著『沙門空海』は、つぎのように記す。

東大寺と空海との関係は予想以上に深く、東大寺南院（真言院）も空海の建立にかかるものであり、弟子の出入の自由があり、かつては東大寺真言宗の称さえ与えられたという（『東大寺縁起』）。そこで『東大寺要録』その他の東大寺側の記録には、空海は東大寺別当に弘仁元年に勅任されたということになっている。これについて、史家は黙否《（ママ）》しているけれども、前述したように、空海と東大寺との異常なまでの親近性は決して最近のことではなく、佐伯今毛人の大仏建立まで遡ってその裏面的なつながりを考える以外に考えようもないのである。(26)（傍線筆者）

ここにいう、空海が東大寺別当に補任された動かない証拠と見なされてきたのが、『東大寺要録』別当章第七所収の「東大寺別当次第」（以下、『別当次第』と略称す）であり、そこには、

第十四
　大僧都空海　弘仁元年任
　　寺務四年　同元、二、三、四
　　已上弘仁之比、修理別当実忠和尚(27)

とあり、弘仁元年に第十四代の別当に任ぜられ、同四年までこの職を務めたと記されていた。

しかるに、つぎにあげる四つの論考は、『別当次第』など歴代の東大寺別当を記録する史料の信憑性に疑義を呈するとともに、正倉院文書などに別当自身が自署した文書が伝存することから、『別当次第』第二十四代までの記録は疑わしい、と見なされたのであった。四つの論考とは、つぎの通りである。

1堀池春峰「弘法大師空海と東大寺」（同著『南都仏教史の研究』（上）東大寺篇、法藏館、一九八〇年）
2加藤　優「良弁と東大寺別当制」（奈良文研創立三〇周年記念論文集『文化財論叢』、同朋舎出版、一九八二年）
3永村　眞「東大寺別当・政所の成立」（同著『中世東大寺の組織と経営』塙書房、一九八九年）
4牛山佳幸「諸寺別当制をめぐる諸問題」（『古代史研究の最前線』第二巻、雄山閣出版、一九八六年）

『東大寺要録』の編者自身も、第二十四代貞崇までの別当次第は、「虚偽尤も多いけれども、旧次第によって、参考までに記した」といい、なぜ虚偽が多いかといえば「補任されたときの太政官符が所蔵する文書のなかに見あたらないからである」と記すのであった。その原文をあげてみよう。

私に云わく。上《かみ》件の廿四代は虚偽尤も多し。但《ただ》旧次第に依りて之を注す。是れ印蔵の官符無きに依るなり。自下の別当は、印蔵の官符に依りて、始めて其の偽りを改める。(28)（傍線筆者）

史料を丁寧に読んでおれば、もっと早くに、空海が東大寺別当に補任されたとの記述は、信憑性が疑わしいことに気づいたとも云えよう。

それはさておき、『東大寺要録』所収の「別当次第」がいかに史

表６　東大寺の歴代別当一覧

『東大寺要録』所収「別当次第」	『平安遺文』に見られる東大寺別当
延暦18年（799）　11代　少僧都源海（４年）	
延暦22年（803）　12代　律師定興（３年）	延暦23（804）６月20日別当大法師位「修哲」
大同元年（806）　13代　律師海雲（４年）	
弘仁元年（810）　14代　大僧都空海（４年）	
	弘仁２（811）９月25日僧綱律師兼別当修行大法師位「修哲」
弘仁５年（814）　15代　少僧都義海（５年）	
弘仁10年（819）　16代　律師静雲（３年）	
弘仁13年（822）　17代　律師永念（４年）	
	弘仁14（823）２月19日　大法師施秀
天長３年（826）　18代　興雲君（４年）	天長３（826）９月１日
天長７年（830）　19代　少僧都寛雲（４年）	
承和元年（834）　20代　律師心恵（４年）	
承和５年（838）　21代　大法師円明（５年）	承和５（838）８月３日　大法師円明
	承和６（839）６月21日
承和10年（843）　22代　大徳正進（４年）	
承和14年（847）　23代　僧正真雅（４年）	
	嘉祥２（849）９月　日　大法師真昶
仁寿元年（851）　24代　律師貞崇（５年）	
斉衡２年（855）　25代　大徳済棟（４年）	
貞観元年（859）　26代　大法師真昶（12年）	
貞観13年（871）　27代　大法師祥勢（４年）	貞観13（871）閏８月14日

＊牛山佳幸「諸寺別当制をめぐる諸問題」を参照させていただいた。

実とかけ離れたものであるかをみておこう。表６は、「別当次第」と『平安遺文』に見られる東大寺別当とを対比した一覧表である。[29]

表６の左側の「別当次第」を見て一目瞭然なのが、歴代の別当の任期がほぼ四年となっていることである。諸寺の別当に四年の任期制が導入されたのは、貞観十二年（八七〇）十二月二十五日であった。『日本三代実録』同日の条に、つぎのように記す。

(あ)諸大寺幷《ならび》に有封の寺の別当・三綱は、(い)四年を以て秩限《ちつげん》と為《な》し、(う)遷代《せんだい》の日、即ち解由《げゆせ》を責めよ。但し廉節《れんせつ》称すべき徒《ともがら》は、年限を論ぜず、殊《こと》に功績を録し、官に申して裒賞《ほうしょう》せよ。自余の諸寺は、官符に依りて別当に任じ、及《また》尼寺の鎮は、並《ならび》に此の例に同じくし、其の未だ解由を得ざる輩《やから》は永く任用せず、亦《また》公《く》請《じょう》に預からしめざれ。但し僧綱の別に勅《みことのり》ありて、別当に任ぜられし者は、此の限に在らず、と。[30]（○番号・傍線筆者）

これより、寺の最高責任者である別当と寺の三役である上座・寺主・都維那の任期を四年とし、新任の別当との引き継ぎの日には、寺務が滞りなく引き継がれたことを証明する「解由状」を取り交わすことが規定されたのであった。

この『三代実録』の記録から、『別当次第』は別当に任期制が導入された貞観十二年十二月以降に、偽作されたことは間違いない。堀池師は、偽作でなく、捏造であるといわれるが。

いま一つ、諸寺の別当・三綱の選任方法と任期を記した史料をみておきたい。それは、延長五年（九二七）成立の『延喜式』巻二十一所収の玄蕃寮の条である。まず、別当補任の手続きは、

凡《およそ》(あ)諸大寺の別当・三綱に闕《けつ》有らば、須《すべから》く(い)五師・大衆、能治・廉節の僧を簡定し、別当・三綱共に署して申し送るべし。(う)僧

綱は覆審し状を具して寮に牒送せよ。寮は省に申し、省は官に申して、然る後に補任せよ。㋓若し薦挙《せんきょ》に不実あらば挙者を科責し、兼ねて見任を解却《げきゃく》せよ。東大寺知事も亦《また》同じ。(31)（○番号・傍線筆者）

とあって、該当する寺の年預五師や大衆が寺務能力にすぐれ、行いの清らかな僧を簡《えら》び、前任の別当と三綱が署名して僧綱に申し送り、僧綱はそれを誤りがないか審査して玄蕃寮へ、寮は治部省へ、省は太政官に申し送って補任される規定であった。

また、別当・三綱の任期については、

凡《およそ》諸大寺幷《ならび》に有封の寺の別当・三綱は、四年を以て秩限と為す。遷代の日、即ち解由を責めよ。但し廉節称すべきの徒は、年限を論ぜず。殊に功績を録して、官に申して哀賞せよ。(32)（以下略）

とあり、四年を任期とする規定であった。ただし、行いの清らかなの僧については、この限りでない、年限をいわないと記す。

この『延喜式』の規定によると、別当に補任されるには、該当する寺の年預五師や大衆によって簡ばれなければならず、そのためには該当する寺と選ばれる僧とのあいだには、密接なる関係が必要であったと考えられる。弘仁前期における空海は、京都に入ることを許されたばかりであり、東大寺をはじめ、南都諸大寺との関係をうかがわせる史料は見あたらない。よって、『延喜式』にいう別当選任の規定からも、弘仁元年、空海が東大寺別当に補任されたとの説は信じがたいのである。

では、誰が別当であったのか。表6にもあげたように、当該時期の東大寺別当は修哲であった。何よりも確かな記録、文書への自署

表7　『平安遺文』にみられる「別当修哲」

	文書番号	年月日・文書名	修哲の記事	巻・頁数
1	四二九二	延暦十八年十一月十一日・正倉院御物出納注文	寺主法師「修哲」	八・三二〇九
2	四二九三	延暦廿一年十一月廿一日・正倉院御物出納注文	寺主大法師「修哲」	八・三二一〇
3	二四	延暦廿三年六月十日・僧綱牒	宛所に「東大寺別当三綱」	一・一八
4	二五	延暦廿三年六月廿日付・東大寺家地相換券文	別当大法師位「修哲」	一・一九
5	四三一九	延暦廿四年十一月十五日・正倉院御物下行目録	律師兼別当大法師位「修哲」 別当大法位（ママ）「修哲」	 八・三二三二
6	四三四九	弘仁二年九月廿五日・東大寺使解	僧綱律師兼別当修行大法師位「修哲」	八・三二六六

が散見されるからである。ここで、『平安遺文』にみられる「修哲」を一覧表にしたのが、表7である。

ここで、表7を整理してみたい。

「東大寺別当」の名称は、3の延暦二十三年六月十日付僧綱牒の宛所に見られる「東大寺別当三綱」が確実な史料の嚆矢とみなされている。確かに、これ以前の1と2では「寺主法師『修哲』」「寺主大法師『修哲』」とあり、4以下になると「別当」を冠した肩書き表記となってくる。「別当」を冠する文書のうち、4の延暦二十三年六月二十日付券文の「別当大法師位『修哲』」は、修哲が「別当」として自署する現存最古の史料であった。5の延暦二十四年十一月十五日付の目録には「律師兼別当大法師位『修哲』」とあり、6の弘仁二年九月二十五日付の文書には「僧綱律師兼別当修行大法

師位『修哲』」と自署する。この「僧綱律師兼別当」は、『日本後紀』弘仁元年九月己未（二十二日）条の「大法師位修哲を律師と為す」と齟齬しない[33]。

以上より、弘仁のはじめの東大寺別当は、僧綱の一員・律師で「修行大法師位」の「修哲」であったことは間違いない。逆に、空海が「東大寺別当」でなかったことも明白である。とはいえ、空海の東大寺別当補任説からは、空海が東大寺に果した役割の大きかったことが垣間見えてくるのである。とともに、空海の東大寺における業績を讃えるため、後世に案出された説であった。

三　空海の東大寺関連の文章をめぐって

これまで、空海の東大寺別当補任説の真偽を見てきた。その結果、空海は弘仁のはじめ、東大寺とは直接の関係を持っていなかったことが明確となった。

では、いつ、いかなる契機でもって、空海と東大寺との関係は始まったのであろうか。このことを知る手懸かりを与えてくれるのが、空海の漢詩文を集成した『性霊集』と書簡類を集成した『雑筆集』である。この二つをはじめとする空海の著作中には、空海と東大寺との関わりを知りうる文章が五つ見られる。それらを年代順に記すと、つぎのようになる。

1弘仁八年（八一七）八月二日『実相般若経答釈』

2弘仁十一年（八二〇）「知識の華厳会の為の願文」（『性霊集』巻七）

3弘仁十四年（八二三）正月二十日「酒人内公主の遺言」（『性霊集』巻四）

4天長元年（八二四）三月二日「平城東大寺に於いて三宝を供養する願文」（『性霊集』巻七）

5弘仁七年（八一六）九月〜同十一年九月「思渴之次」書状（『雑筆集』巻下）

この五つの文章は、弘仁七年（八一六）から天長元年（八二四）までの九年間に集中して見られるのが特色の一つといえる。これら五つの文章のちょうど中間に位置するのが、東大寺真言院の建立を空海に命じた弘仁十三年二月十一日付の太政官符であった。そうすると、空海の書いた五つの文章と弘仁十三年二月十一日付の太政官符とは、関係が全くなかったとは云えないのではないか、と推察される。

いまだ明確な結論は持ち合わせていないけれども、この五つの文章の内容を見ておくことは、無意味ではないと考える。そこで、「東大寺真言院の創設」を論じる前に、空海の五つの文章を概観しておきたい。

［第一］弘仁八年（八一七）八月二日付『実相般若経答釈《たっしゃく》』[34]**（以下、『答釈』と略称す）**

この『答釈』は、東大寺臨壇華厳和尚《かしょう》から出された『実相般若経』に対する四つの質問に答えたもので、最後に弘仁八年（八一七）八月二日の日付けがある。

この「臨壇華厳和尚」とは誰か。従来、未詳とされてきたが、高木訷元師は戒壇院の戒和尚であった奉実であろうとみなされた[35]。私も、奉実でよいと考える。それは、つぎの三つの史料による。

第一は、光定の『伝述一心戒文』に、弘仁三年（八一二）四月十一日、最澄の上足・光定が東大寺戒壇院において具足戒を受けたときの戒和尚は、「伝灯大法師位奉実律師」であったと記すことである。[36]この「戒和尚」が、「臨壇」を解く鍵となる。

第二は、『元亨釈書』巻二所収の「奉実伝」に、「八十歳のとき、はじめて密教と出会い、寝食を忘れて研鑽に励んだが、その出会いの遅かったことを恨《うら》んだ」と記されることである。[37]奉実は、弘仁十一年（八二〇）に八十四歳で示寂しており、これを逆算すると、その八十歳は弘仁七年にあたる。「奉実伝」を信じるならば、この年、奉実は密教と出会ったことになる。

第三は、弘仁七年で想起されることである。この年、空海は高雄山寺において、勤操などに灌頂を授けていた。すなわち、空海の「故贈僧正勤操大徳の影讃幷びに序」には

弘仁七年孟秋《もうしゅう》、諸《もろもろ》の名僧を率いて、高雄の金剛道場において、三昧耶戒を授《さず》け、両部の灌頂に沐《もく》せり。[38]（傍線筆者）

とあり、この「諸の名僧を率いて」のなかに、奉実が含まれていた、と高木師はみなされたのであった。この「東大寺臨壇華厳和尚」＝奉実説に、賛意を表しておきたい。

ところで、『実相般若経』とは『理趣経』の類本の一つ、菩提流支訳『実相般若波羅蜜経』一巻を指し、十五章からなる。奉実の四つの質問をあげてみよう。

第一は、即身に成仏することへの疑義である。この質問は、第一章大楽の法門の後半で、この経を受持し読誦するなどの功徳を説くところからの一節である。[39]すなわち、

若し復《また》人有りて、能《よ》く日々の中に受持し読誦し思惟し修習すれば、即ち現身に一切法平等性の金剛三昧を得、余の十六生に、当《まさ》に一切の法門に於いて、自在遊戯《ゆげ》快楽《けらく》を得べし。乃至《ないし》、当《まさ》に諸仏如来の金剛の身を獲《う》べし。[40]

であった。本文は、ここにあげた文章の前に「金剛手よ。もしこの経を一度聞いただけで、その人は所有する煩悩障・業障・法障など極重のもろもろの罪はすべて消滅し、菩提（＝さとり）に至って悪道に生じることはない」との前置きがあり、続く「人あって、この経を日々に受持し読誦し思惟し修習すれば、この肉身に一切法平等の金剛三昧を得ることができる」等に対する疑義であった。

空海は応える。「一切法平等の金剛三昧」とは、「大楽金剛不空薩埵の三摩地＝覚りの世界」であり、この菩薩は発心したときから顕教の菩薩の境界を超越しており、大日如来の五つの智恵を得、大日如来の覚りの境界にいたる三密行を修して、この肉身のままに覚りの境界をわがものとするのである」という。「十六生」の本来の意味は十六回生まれ変わることであるが、『菩提心論』に説く金剛界曼荼羅の十六大菩薩の境界であるといい、この境界を速やかに体得することにより、大日如来と同じ金剛不壊の身をわがものとすることができる、即身に成仏することができる、という。

第二は、第三章降伏の法門の後半で功徳を説くところである。質問は、

三界の一切衆生を殺害すれども、終《つい》に斯《これ》に因《よ》りて悪道に堕《お》ちず。何を以ての故に、已《すで》に調伏心律儀を受くるが故に。[41]

であった。本文は、ここにあげた文章の前に「金剛手よ。もしこの経の教えを聞いて、受持し読誦し思惟し修習すれば」との前置きが

あり、続く「たとえ生きとし生けるものすべてを殺害したとしても、そのことによって地獄・餓鬼・畜生の三悪道に墜ちることはない。なぜなら、すでに悪を制御する善戒を受けているからである」に対する疑義であった。

「三界」とは密教の教えでは貪・瞋・痴の三毒であり、生きとし生けるものはこの三毒によって三界の苦しみを受けるのである。修行者が堅固なる身・口・意の三密行によって、三毒の本不生を観ずれば、三界に生じる原因を絶つことができる。原因がなくなれば、結果は生じない、三悪道に墜ちることもない、と理解すべきである、と空海は応えている。

第三は、第七章字輪の法門を説くところである。質問は、

所謂《いわゆる》一切の諸法は空なり。自性無きが故に。一切の諸法は無相なり、衆相を離れたるが故に。一切の諸法は無願なり、諸願を離れたるが故に。一切の諸法は自性清浄なり。般若波羅蜜清浄なるが故に。(42)

であった。これは、空・無相・無願の三解脱門を説いたところである。空海は、これは金剛利菩薩（顕教では文殊という）の三摩地（＝瞑想）を説くところといい、顕と密の違いがあるという。顕教では、一切の妄想による誤った分別を離れるために、この三つの解脱法門という妙薬を服する。はじめに諸法空の観想を行なって、無始からの妄想による誤った境界を断つことができるが、その方法を間違えば空に執われる病が起こる。この病を除くために、さらに空相を続けて、ある境地が得られれば、身心に自他の差別がなくなる。自他の差別がなくなれば、心と境は一つとなり、能所（主体と客体）もなくなるから「無願」という。「無願」は本来的に具有《そなわ》っており、菩提（＝さとり）も涅槃もこの宇宙が生れたときから、わが内に具わっているという。

密教では、文殊菩薩の四種の三摩地（＝瞑想）を説くと解されるが、密教の瞑想は紙筆で示すことはできない。対面して直接伝授されるべきである、と空海は応える。

第四は、第十四章深秘の法門の後半で功徳を説くところである。質問は、

現身の中に於いて、即ち金剛不空無碍を成就し、決定して法に入ることを得、復当《またまさ》に一切如来の金剛秘密堅固の身を成就すべし。(43)

であった。すなわち、「この肉身において、一切如来の金剛のように堅固にして秘密の身体を成就する」とはいかなることか、この肉身における成仏についての質問であった。

空海は応える。これは、第一章で説かれた「大楽金剛の三昧＝絶対の安楽にして金剛のように堅固な金剛薩埵の覚りの世界」である。修行者が毎日、身・口・意の三密行を修し、この経典を受持し読誦すれば、金剛薩埵の覚りの世界をわがものとすることができる。だから、「この肉体のままに、一切如来＝大日如来の金剛身を得る」などというのである、と。

この『答釈』には、注目すべきことが二つある。一つは、四つの疑義のうちの二つが、いわば「即身成仏」についての質問であったこと、その解答に三密行が重視されていたことである。いま一つは、『答釈』の最後のところで、この秘密の法門をつぶさに受持したいのであれば、秘密の教えを正式に伝持した人から直接学ばなければ、その真意を理解することはできないと、面授を力説するところである。

［第二］弘仁十一年（八二〇）「知識の華厳会の為の願文」[44]（『性霊集』巻七）

この願文は、題名に「知識の華厳会」とあって、知識、すなわち仏教信仰をともにする人たちが、自ら持てるもの、財力とか労働力などを出し合って、造寺・造仏・写経などの作善を行う有徳の人びとを知識といい、その知識が力を合わせて書写した八十巻本『華厳経』を供養したときのものである。

とはいえ、この供養会は経典が書写されてから、数年後に行われたものであった。すなわち、本文に、

謹んで去《い》んじ弘仁十一年を以て華厳経一部八十巻を写し奉《たてまつ》り、聊《いささ》か法筵《ほうえん》を設《もう》けて供講《くこう》する事畢《ことおわ》んぬ。（傍線筆者）

とあって、書写されたのは弘仁十一年であったといい、つづいて「その後、何もしないまま数年が過ぎたけれども、先に立てた誓願を思い出して、僧と優婆塞・優婆夷らに働きかけて、華厳会を復活させることができた」とある。

これより、『性霊集』所収の願文は、この復活した華厳会で読まれたものであった。この法会がいつ・どこで修されたのかは、残念ながら、この願文からは判らない。よって、厳密には弘仁十一年の作とすることはできないけれども、「数年を経て」とあるので、弘仁の末ころまでの作とみなしておきたい。

なお、「知識の華厳会」とあることから、天平勝宝四年（七五二）四月の大仏開眼供養会に起源が求められる東大寺十二大会の一つの華厳会とは、別の法会であったとみなしておきたい。

［第三］弘仁十四年（八二三）正月二十日付「酒人《さこうど》内公主の遺言」[45]（『性霊集』巻四）

この遺言状は、光仁天皇の皇女であった酒人内親王の遺言を、空海が代筆したものであった。本文中に「わが齢《よわい》は七十にして、気魄体力ともに尽きようとしている」とあり、内親王の七十歳のときに書かれたとすれば、内親王は天長六年（八二九）八月二十日、七十六歳で薨じているので[46]、逆算すると、弘仁十四年（八二三）の作となる。

親王は、十九歳で伊勢の斎王となり、二十二歳で母井上《いのえ》内親王が没したため退き、そののち、桓武天皇の妃《きさき》となり、朝原内親王をもうけたが、この内親王は弘仁八年（八一七）四月二十五日に三十九歳で薨じた[47]。そこで、三人の親王、すなわち式部卿（葛原親王）・大蔵卿・安勅《あとき》内親王[48]を指名して、後事を託す遺言状が書かれたのであった。

この遺言状で注目すべきことは、①火葬にしないで欲しい、②葬儀は簡略にすませて欲しい。③追善の仏事は生前に済ませているから、取り立ててやらなくてよい、④万が一、追善の仏事をやってくれるのであれば、四十九日は春日院で、⑤一周忌は東大寺で修して欲しい、と具体的に記されていることである。

なぜ、一周忌の法要の場を東大寺としたのかは詳らかではない。とはいえ、内親王の薨伝には、「つねづね東大寺において万燈会《まんどうえ》を修して、死後の助け＝逆修とした」とあり、「僧たちは、この万灯会を滅罪の効用があると讃えた」とある。

万燈会は、多くの燈明を燈《とも》して仏を供養し懺悔・滅罪を祈願する法会であり、『大宝積経』に説かれる菩薩蔵会にもとづくものとい

われる。『東大寺要録』巻第五「年中行事」には、十二月十四日「大仏殿にて行う。舞楽等有り」と記されている。(49)

［第四］天長元年（八二四）三月二日「平城東大寺に於いて三宝を供養する願文」(50)（『性霊集』巻七）

この願文は、空海が東大寺において、粗末なお供え物を仏・法・僧の三宝に捧げて、供養したときのものである。巻首を「弟子苾蒭《びっしゅ》空海等《ら》、三宝に帰命したてまつる」と書き出し、巻末を「謹んで疏《もう》す。天長元年三月二日空海疏す」と結んでいることから、この供養会は、空海が主体的に東大寺において修した仏事であり、そのときの願文と考えられる。

この日付「天長元年三月二日」は、東大寺真言院の建立が命ぜられてから、ちょうど二年後にあたる。そうすると、真言院の建立にかかわる初期の作業が一段落したこの時期に、三宝に感謝の誠《まこと》を捧げるとともに、いま進めている、わが国で最初の本格的な灌頂道場の建立という、国家的事業の無魔完成を祈ったものとも考えられ、俄然注目されるのである。

この願文の特色を二つあげておきたい。一つは、願文の大部分が、金剛界と胎蔵両部にわたる大日如来の徳を讃歎し強調する文章であること。二つ目は、巻首に「法身何《いず》くにか在《あ》る。遠からずして即ち身《み》なり。智体云何《いか》ん、我が心にして甚だ近し」とあり、「大日如来の身体も大日如来の具有する智慧・叡智も、すべてわがこの身心に、生れながらに備わっている」と記すことである。

特に、後者は『般若心経秘鍵』冒頭の一節、「それ仏法遙かに非ず、心中にして即ち近し。真如外《ほか》に非ず、身を棄《す》てて、何《いずく》んか求めん」(51)と同じ趣旨のことが表明されており、『秘鍵』の成立年代を考える上からも注目されるのである。

［第五］「思渇之次」書状(52)（『高野雑筆集』巻下）

「思渇《しかつ》の次《ついで》に」で始まるこの書状は、空海が新たに大唐から持ち帰った華厳に関する経論などを、ある僧に奉呈したときのものである。その内容は、

貴僧のことをしきりに思っていた矢先に、思いがけず珍しいお茶をご恵贈いただきました。香りも味も、ともに美《うる》わしく、たえず頂戴して疾《うれい》をいやしています。感謝のおもいは、他にたとえようもありません。

と書き出し、ついで

晩秋となり、冷気を感じるこのころ、お健やかにお過ごしのことと拝察いたします。

私が大唐から持ち帰りました新訳の華厳経、ならびに華厳経疏と儀軌などを、謹んで座下に奉呈いたします。

と書かれている。

ここにいう「新訳の華厳経」とは、般若三蔵訳の四十巻本『華厳経』であり、「華厳経疏」とは澄観撰『華厳経疏』三十巻を指し、「儀軌」とは不空訳の『華厳経入法界品頓証毘盧遮那字輪瑜伽儀軌』一巻に当たり、すべて空海の『御請来目録』に記載されているものである。(53)

ただ残念なことは、この書状には日付けも宛名もないことである。誰に宛てて書いたものか。命がけで唐から持ち帰った華厳関係の典籍のほぼ全てを、惜しみなくまとめて奉呈しており、相手に対する

空海の親愛の情・想いを読みとることができる書状であるといえる。

東大寺のある僧に宛てた書状と考えられてきたが、その僧とは誰であったか。堀池春峰師は、東大寺別当をつとめた修哲であろうといい、[54]高木訷元師は『実相般若経』についての質問を寄越した臨壇華厳和尚を勘案すべきであろうといわれる。[55]私は華厳和尚《かしょう》＝奉実に賛意を表したい。その理由は二つ。一つは、空海と修哲との直接の交渉を知りえる史料が見あたらないことである。いま一つは、臨壇華厳和尚の質問に応えた『実相般若経答釈』には、濃やかな配意が感じられ、手紙が出されたのが『答釈』の弘仁八年八月二日に近い日時を想定しうるからである。

では、この書状はいつ書かれたのか。堀池師は、弘仁七年九月から同十二年九月のあいだとみなされた。この弘仁七年九月は、つぎの推察にもとづく。空海が京に入ることを許された大同四年七月以降、最澄が矢継ぎ早に手紙を出し、空海請来の典籍を多数借り出した。その中に、今回奉呈した四十巻本『華厳経』・澄観撰『華厳経疏』三十巻・不空訳の儀軌が含まれていた。これら最澄に貸し出された典籍が、空海の手許に返却されたのは、弘仁七年二月であった。[56]これより、上限の「弘仁七年」が決まり、「九月」は書状にみられる「季秋＝秋の末」による。下限の「弘仁十二年」は、根拠が不明である。[57]

一方、高木師は、書状の書かれた年月には言及していないけれども、示唆に富んだ指摘がみられる。すなわち、

> 贈与された茶を啜り飲んで「疾《うれい》を除く」とあるけれども、文字通り疾病と解する必要はあるまい。(中略)文末に「彼此《ひし》相隔《あいへだ》てて心事《しんじ》未《いま》だ極愜《ごっきょう》ならず。耿々《こうこう》として何をか言わん。」を勘案すれば、新来の真言密教を宣布する許しの遅きを歎《たん》ずる思いとも受けとれる。同時にまた、このとき不空三蔵の訳とされる『華厳字輪瑜伽儀軌』を贈っているのは、南都への密教流布を目指したものといえるだろう。[58](傍線筆者)

と。この指摘からは、弘仁十三年二月の東大寺真言院の建立と関わりのある手紙とも見なすことができ、詳細なる内容の吟味がまたれるのである。因みに、奉実の没年は弘仁十一年(八二〇)、八十四歳のときであった。[59]よって、下限は弘仁十一年九月とみなしておく。

なお、今日、東大寺には唐末の書写で、わが国に請来された四十巻本『華厳経』の零巻六巻が伝存する。[60]これは、空海が奉呈した一部ではないか、と堀池師はいわれる。その根拠を、空海が最澄に貸していた『華厳経疏』を、最澄が返却するとき、「澄観　華厳経疏上帙十巻　唐本」と記し、この「唐本」と「唐末の書写」が符合するからである。特に、巻第一の巻末には、円照が貞元十四年(七九七)に発願した願文が記され、そこには「徳宗皇帝や皇太子の福寿、先師西明寺景雲や母の菩提を祈って、西明寺菩提院の東閣一切経を補充する旨が述べ」られており、中でも「徳宗皇帝や皇太子の福寿を祈る」と記すことにも、留意しておきたい。なぜなら、弘仁十三年四月、平城太上天皇とその皇子高岳親王に灌頂が授けられたことと、無関係ではないものを感じるからである。詳細は後日を期したいと考える。

［小結］

以上、『性霊集』などに見られ東大寺関連の五つの文章は、書かれた時期が重なること、内容的にも関連が窺えるなど、弘仁十三年

二月からはじまった東大寺真言院の創建と、全く無関係ではなかった、いえ、大いに関連があると見なした方がよいとも考えられる。

従来、これら五つの文章は個々には論じられてきたが、全部をまとめて、しかも真言院の創建とからめて論じられることはなかったように思われる。今後は、これら五つの文章は関連ありと仮定し、検討を深めていきたいと考える。

おわりに

本日の主題である東大寺真言院を論じる前に、紙数を超過してしまった。そこで、本日、申したかったことの概略を記して、本稿を終えることにしたい。

初期の東大寺真言院に関する根本史料は、つぎの三つである。

1、弘仁十三年（八二二）二月十一日付太政官符（以下、「弘仁十三年官符」と略称す）(61)
2、承和三年（八三六）五月九日付太政官符（以下、「承和三年官符」と略称す）(62)
3、承和三年（八三六）閏五月三日付僧綱牒（以下、「承和三年僧綱牒」と略称す）(63)

これら三つの文書の要旨と問題点を記してみよう。

［東大寺真言院の端緒］

東大寺真言院が建立された端緒は、1の弘仁十三年二月十一日付の太政官符であった。この官符には、昨年の冬雷があった。（前例では）疫病が流行し水害が起ったりした。そこで、空海に対して、東大寺内に国家のために灌頂道場を建立し、四〜六月（＝夏中）と一・五・九月（＝三長斎月）に、息災・増益の法を修して鎮護国家を祈るよう命じたのであった。

空海がその建造にかかわった灌頂道場が三つある。宮中の真言院(64)と東寺灌頂院(65)、そしてこの東大寺真言院であった。このなか、最初に計画されたのが、ほかでもない、東大寺真言院であった。

［建立の目的は何か］

ではなぜ、この時期に、南都の総本山ともいえる東大寺内に灌頂道場を建立しようとしたのであろうか。「弘仁十三年官符」にいう「昨年の冬雷があった。かつて疫病や水害があったので……」は、とってつけた目的・理由としか想えない。疫病・水害を未然に防ぐためであれば、雷があった直後に計画されて然るべきだと考えるからである。

確かに前年の十月二十四日、季節外れの大雨によって河川が氾濫し、河内国に甚大な被害が発生したため、天皇は被災地を視察して、課税の免除と賑給を命じていた(66)。しかし、この水害と灌頂道場の建立を発願した時期とのあいだには時間的な開きがあり、灌頂道場の本当の目的は別にあったのではなかったか。たとえば、堀池師は最澄の大乗戒壇設立の動きを牽制するためであったといい(67)、阿部龍一氏は嵯峨天皇が平城天皇と和解するための灌頂授法の道場建立ではなかったかといわれる(68)。

『東大寺具書』には

次に灌頂院は已《すで》に上皇の御願の為に之《これ》を建立し、弘仁十三年太上天皇、三摩耶戒の禁を受け、幷《あわ》せて入壇し灌頂を受けたまう、と云々[69]。

とある。この「上皇の御願の為に之を建立し」たが正しければ、灌頂院は平城上皇の御願、すなわち太上天皇への灌頂を行なうための道場として建立されたことになり、官符に記された鎮護国家のために息災・増益の法を修すことは、二次的なものでしかなくなる。平城上皇が空海から灌頂を受法したことは、承和三年（八三六）五月五日付で青龍寺に宛てた実恵らの書状に、

先の太上天皇（＝平城上皇）が宮をあげて灌頂を受けられ、高岳親王も出家された。やがて天皇・皇后をはじめ、公卿・道俗の男女など灌頂を受法するものが万を越えるようになった[70]。

（要約・傍線筆者）

とあり、信じてよいであろう。

では、この平城上皇への灌頂授法はいつ行われたか。空海が上皇に灌頂を授けたときの文章とみなされる『太上天皇灌頂文』には

大同元年を以て曼荼羅幷びに経等を奉献せり。爾《しか》りしより已還《このかた》、愚忠に感なくして忽《たちま》ちに一十七年を経たり[71]。

とあり、空海が帰国した大同元年から十七年後は弘仁十三年となる。

この弘仁十三年の灌頂授法の傍証となるのが、つぎの正倉院文書三通である。

①弘仁十三年三月二十六日付で正倉院から鏡・香・五色絞糸などが「行法に用いる」ために持ち出したときの出倉注文[72]

②弘仁十三年三月二十六日付で香を「灌頂法を行ずる」ために持ち出したときの出倉注文[73]

③弘仁十三年四月十四日付で香を「灌頂法を行ずる」ために持ち出したときの出納注文（新出）[74]

これら三通には、「行法に用いるため」「灌頂法を行ずるため」といった語句が見られ、勅封の正倉院御物が出納されていた。勅封の正倉院御物を利用することができたのは、皇室関係者をおいては考えがたい。よって、これら出納注文に記された鏡・香・五色絞糸などは、平城上皇への灌頂授法のときに使用されたと見なされた[75]。これらの正倉院文書からは、上皇に灌頂が授けられたのは弘仁十三年三月から四月にかけてであったといえよう。

その灌頂授法が行われた場所であるが、東大寺真言院であったとみなす説[76]があるけれども、常識的に考えて、灌頂道場の建物と内部の荘厳などのすべてが完成するまでに要する時間は、数ヶ月の単位ではありえないであろう。平城上皇への灌頂授法が弘仁十三年三月から四月であったとすれば、その儀式の場所を東大寺真言院とみなすことはできないと考える。

［真言院はどこに建てられたか］

つぎに、東大寺真言院はどこに建てられたか、いかなる構造の建物であったか、をみておきたい。

『東大寺続要録』真言院の項には、

茲《これ》に因って、大仏大殿の前を点ず。応に東塔・西塔の中（間）たるべし。忽ちに五間四面の灌頂堂を建て、両部九幅の曼荼羅を安じ、廿一口の僧を定め置き、息災・増益の法を勤修せしむ[77]。

とあり、『南都七大寺巡礼記』真言院の項には

南向きの堂で、両界万陀羅・八祖の影像等を安ず。弘法大師、此の所に於いて灌頂す。阿加井は堂の西に在《あ》り。（以下略）[78]

と記す。これらより、真言院は大仏殿の正面、東塔と西塔の中間に

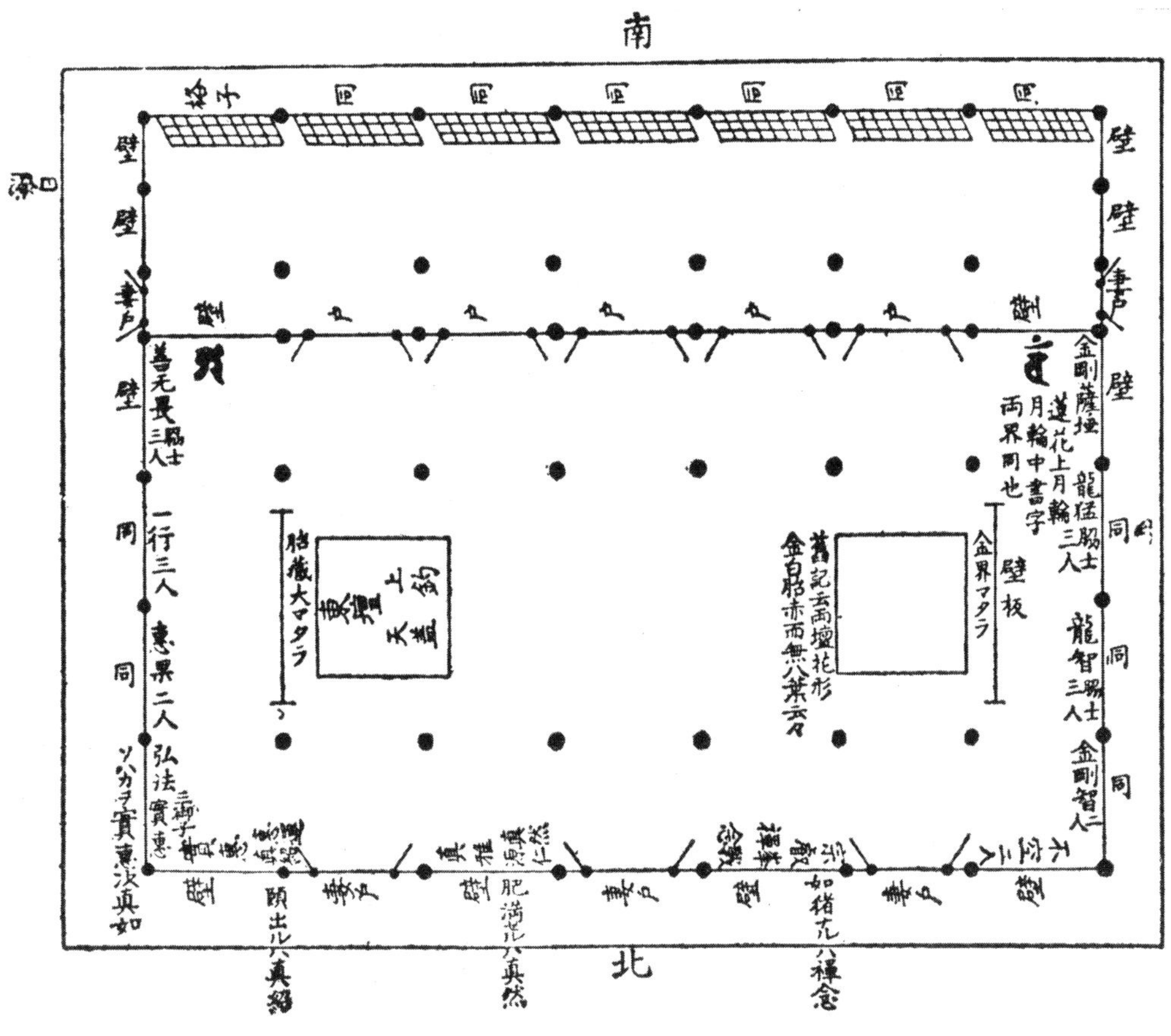

図1　『東宝記』所載「東寺灌頂院差図」

あって、五間四面の建物であった。堂内には九幅からなる金・胎両部曼荼羅とインドから中国・日本へと密教を伝えた八祖の影像が安置されていたことを知りうる。

この「大仏殿の正面、東塔と西塔の中間」からは、現在の真言院と同じ場所に建てられたとみなしてよいであろう。また、両部曼荼羅と八祖の影像が安置されていたことは、東寺に創建された灌頂院の堂内荘厳とほぼ同じであったとみなしておきたい。『東宝記』「灌頂院」の項に収載されている「灌頂院差図」を、参考までにあげておく。図1がそれである。[79]

［真言院はいつ完成したか］

さいごに、真言院はいつ完成したか、をみておきたい。このことは、平城上皇に授けられた灌頂はどこで行われたか、とも密接にかかわることである。真言院の建物が、あたかも短期間で完成したかのように見なす方もいるけれども、その完成は承和三年であったと私は考える。同年五月九日付の太政官符で、真言院に二十一口の定額僧と別当僧を常住させ、鎮護国家のために息災・増益の法を本格的に修行することが命ぜられた。これは、真言院の建物が完成し堂内の荘厳がほぼ終わったことをうけての措置であったと推察されるからである。

この官符は、最初に「弘仁十三年官符」をあげ、ついで大納言兼皇太子傅藤原三守の宣を記す。すなわち、天皇の意向は、①真言院に二十一僧を置き、定額僧とすること、②これらの僧は、食堂に向かわせないで、ひたすら修行させること、③別当僧を置き、このことに専当させること、④住僧（＝二十一僧）の交名は、専当の法師等が簡定して僧綱に申し送ること、⑤もし闕員が生じたときは、随時補充すること、であった。

この「承和三年官符」にもとづき、二十一口の定額僧が同年閏五月三日付の僧綱牒によって置かれたとみなされてきた。この僧綱牒は、東大寺別当三綱に宛てて出されていた。事書きに「応に東大寺真言院に二十一僧を置き修行せしむべきの事」とあり、ついで二十一口定額僧の交名を記す。交名のあとに、「牒す。太政官五月九日の符を被るに偁く」として、「承和三年官符」を全文引用し、最後を「仍りて、牒を下すこと件の如し。寺宜しく承知すべし。状牒到らば状に准ぜよ。故に牒す」で終わる。

ただし、この僧綱牒が引用する「承和三年官符」は、『類聚三代格』収載の「承和三年官符」と異なる語句が二カ所みられる。一つは、「弘仁十三年二月十一日　治部省に下す符に偁く」のあとに「抜苦与楽は仏乗是れに在り。至心鑽仰すれば何事か成さざらん」の語句が挿入されるいるところ。今一つは「食堂に向かわず、全く修行せしめ」のつぎの「専当の僧をして」を「伝燈大法師位実慧、伝燈大法師位円明」と僧名を具体的に記すところである。なぜ、この相違が生じたのか、については、後考に委ねたい。

ところで、この僧綱牒の真偽であるが、堀池春峰師は全く疑っておられない。たとえば、

東大寺灌頂院は空海没後一年二ヶ月を経た承和三年（八三六）五月に至って定額僧二十一人の設置が行われた。これら定額僧の設置は以後東大寺真言宗の根幹を成すもので、その支配は東大寺別当の下にあり、欠員が生じた場合は補充され、その交名は別当より僧綱に報告された。翌四年四月に東寺に二十四人の入寺法師を決定したが、その多くが東大寺僧と称する泰範・杲隣・寿寵などによって占められていることは、真言宗一宗によって構成された初期東寺の入寺僧の根幹をなす上層部が、この東大寺真言院に寺籍をもった僧であったことを示している。[80]

といわれる。はたして、この僧綱牒は信じてよいものであろうか。私は疑わしいと考える。詳細は後日を期したいが、参考までに、二つの疑義を記しておきたい。第一は、この僧綱牒を収載する史料についてである。最古の史料は、行遍本『弘法大師行化記』（以下、『行化記』と略称す）であり、深賢記『行化記』である。[81]この『行化記』は、それまでの空海伝にはみられない公文書を少なからず収録しており、特殊な空海伝といえる。『行化記』の成立年代は、前者の奥書に建仁元年（一二〇一）四月廿日高野山において書写したとあり、後者に承久元年（一二一九）十二月十五日醍醐寺三宝院の北房にて書写したと記すことから、鎌倉初期を降ることはない。とはいえ、『行化記』には四種類の異本が伝存し、それらのあいだには記事の増減がみられることから、その成立過程が問題となる。[82]

第二は、解状の有無についてである。この僧綱牒には、「住僧の交名は、専当法師等簡定して僧綱に牒」すべきことを記した「承和三年官符」が全文引用されていた。よって、まず専当の法師等から住僧の交名が解状でもって太政官に上奏され、その解状を追認する形で符・牒が太政官から治部省へ、省から玄蕃寮へ、寮から僧綱に下達され、最後の段階として僧綱から東大寺別当三綱に牒が下されると考える。つまり、この僧綱牒には解状が引用されていてしかるべきであると考えるが、その痕跡は全くない。また、この本文からは太政官から僧綱に官符が直接下されたようにも見える。この点か

らも、この僧綱牒は疑わしいとみなしておきたい(83)。

因みに、二十一口の定額僧のうち、ほかの史料から実在が確認できたのは、満位僧真昶・住位僧安智・僧安軌・僧峰仙・僧峰恵の五名だけであった(84)。

［小結］

「承和三年僧綱牒」にみられる二十一口交名の真偽はしばらく措くとして、「承和三年官符」から、東大寺真言院に二十一口定額僧を置き、息災・増益の法を修行すべきことが命じられたことだけは信じてよいであろう。

なぜなら、空海に灌頂道場の建立が命ぜられてから十四年が経過したこの年、灌頂道場の建物および道場内の荘厳などが完了し、あとは定額僧を置き息災・増益の法を修すべき段階に至っていたと考えるからである。このことの傍証となるのが、弘仁十四年十月十日、東寺に置かれた「真言宗僧五十人」である(85)。すなわち、空海が東寺の造営に関わりをもつようになったのは天長元年六月十六日、造東寺所別当に補任されたときであった(86)。空海は、直ちに講堂・五重塔の建立に着手し、十一年たった承和二年正月六日、東寺に施入されていた官家功徳料千戸のうちから二百戸を僧供料にあて、鎮護国家のための修講が勅許されたのであった(87)。つまり、講堂の建立に着手してから十一年たったこの時点での修講は、建物がほぼ完成したのを見計らってのことであった。すなわち、空海はこのときの奏状に「今堂舎已に建てども、修講未だ創まらず」と記していたのであった。

東大寺真言院は、空海に灌頂道場の建立が命ぜられてから十四年後の承和三年五月、建物並びに内部の荘厳が完備するのを待って二十一口の定額僧が置かれ、鎮護国家のために息災・増益の法が修される段階を迎えていたことは間違いない(88)。

（たけうち こうぜん・高野山大学名誉教授・空海研究所所長）

註

(1) 「密教」なることばについて、記しておきたい。私がもっとも強く違和感をおぼえるのは、「入唐以前に、密教こそかれが入唐して学ばなければならないものであると、すでに確信していた」（渡辺照宏・宮坂宥勝『沙門空海』〈ちくま学芸文庫、一九九三年。初出は一九六七年〉六八～六九頁）といったように、多くの方が記すことである。今日、我々が用いるところの「密教」の概念を、入唐前の空海が明確に持っていたかといえば、私は「否」といいたい。この問題は、言い換えると、①空海は、「密教」なることばをいつどこで知り、明確に意識するようになったか。②「密教」なることばの概念を、どのように押さえ使用していたか。である。紙幅の関係から、結論のみを記しておく。

空海が「密教」なることばを、自らのことばとして意識的に使用したのは、意外に少なく九ヶ所だけであった。しかも、「密教」をはじめて使ったのは、唐から帰って七・八年たった弘仁四・五年（八一三・四）からであった。では、空海は「密教」を、いかなる意味・内容を持つことばとして使っていたか。ほとんどの場合、「顕教」と対比した形で「密教」を使用しており、ここに特色が認められる。肝心の空海のいう「密教」とは、法身大日如来が分身として生みだした諸仏・諸菩薩（＝自眷属）とともに、覚りの境界を自ら楽しむため（＝自受法楽）に、覚りの境界（＝自内証）をありのままに説き示した教え、となる。したがって、空海を論じるとき、「密教」なることばは安易に使うべきではない、空海のいう「密教」の概念を踏まえて慎重に使うべきである、と考える。因みに、私は、空海が恵果阿闍梨から受法しわが国に持ち帰った教えを、最新の仏教＝密教と表記してきた。詳しくは、拙著『空海素描』八六～九八頁（高野山大学通信教育室、二〇〇四年）を参照いただきたい。

(2) 堀池春峰『南都仏教史の研究』下〈諸寺篇〉四三〇頁、法藏館、一九八二年。初出は一九七八年。

（3）西本昌弘『空海と弘仁皇帝の時代』一〇三・六八頁、塙書房、二〇二〇年。

（4）藤井恵介『密教建築空間論』六頁、中央公論美術出版、一九九八年。

（5）たとえば、渡辺照宏師は「わが弘法大師は当時わが国にほとんど知られていなかった真言密教を学ぶためには二十年でもという意気ごみで唐に渡った」（同著『南無大師遍照金剛』七七頁、成田山仏教研究所、一九七六年）といい、高木訷元師は「大興善寺とは恵果の師主不空三蔵が居留し、数多の密教経軌を翻訳して真言密教を中国に定着せしめた寺であり」（同著『空海　還源への歩み』六九頁、春秋社、二〇一九年）と記す。

（6）参考までに、佐和隆研編『密教辞典』「真言密教」の項をあげておく（『同書』四一二頁、法藏館、一九七五年）。

真言宗の教えのこと。宗祖空海が唐の恵果阿闍梨から密教を受法し、密教教理を組織的に体系化して、真言宗として立教開宗された日本の密教のこと。この真言宗の教えは甚深秘密の法門であるから真言秘密ともいう。最澄が天台宗に伝えた密教を台密というのに対して、真言密教を東密という。

（7）『秘蔵宝鑰』（『定本弘法大師全集』〔以下、『定本全集』と略称す〕）第三巻、一六七頁、高野山大学密教文化研究所、一九九四年）。

（8）『秘蔵宝鑰』（『定本全集』第三巻、一七五〜一七六頁）。

（9）空海は弘仁六年（八一五）三月から四月にかけて、有縁の人たちに密教経論の書写をお願いしたときの手紙で、入唐求法に言及して「習い得る所の真言秘蔵」といい、「学習する所の真言法蔵」「将来する所の真言法門」「学習する所の秘蔵法門」などと記している（『定本全集』第七巻、九一〜九三頁）。空海自身、ここに「真言秘蔵」「真言法蔵」「真言法門」「秘蔵法門」と記すことは、空海が唐から持ち帰ったもののなかに、「真言密教」と称する密教体系がいまだ存在していなかったことの傍証となろう。

（10）空海と東大寺・南都仏教についての先行研究で、第一に参考とすべき論考は、堀池春峰師のつぎの二つである。（一）「弘法大師空海と東大寺」（堀池『南都仏教史の研究』上　四三一〜四五七頁、法藏館、一九八〇年。初出は一九七三年）。（二）「弘法大師と南都仏教」（堀池『南都仏教史の研究』下　四二〇〜四七二頁、法藏館、一九八二年。初出は一九七八年）。この二つの論考には、空海がさしたる抵抗もなく南都諸大寺に受け入れられた諸要素が、くり返し記されている。

（11）堀池春峰前掲註（10）（一）論考、四四一頁を参照させていただいた。なお、出典欄は以下の略称をもって記した。『遍照発揮性霊集』……性霊集、『高野雑筆集』……雑筆集、三浦章夫編『増補再版弘法大師伝記集覧』……集覧。

（12）堀池春峰師は、前掲註（10）の論考で、最澄と空海の人物評を何度も試みておられる。たとえば、註（10）（二）論考の四二〇〜四二一頁などである。

（13）『性霊集』巻七「天長皇帝、故中務卿親王の為に法華経を講ずる願文」（『定本全集』第八巻、九四〜九五頁、一九九六年）。

（14）興福寺本『僧綱補任』（『大日本仏教全書』一二三、九頁）。

（15）『高雄灌頂暦名』（『定本全集』第八巻、二二九〜二三七頁、一九九六年）。

（16）堀池春峰前掲註（10）（二）論考、四三八〜四三九頁。

（17）泰法は『伝教大師全集』巻五、四二五頁に「知事僧」とする。康遠は『同書』巻五、三八九・三九〇頁に西塔院・向真院の「別当」とする。恵徳は『同書』巻四、三〇九頁に名前が確認できる。

（18）承和三年五月五日付実恵ら書状・同四年四月六日付実恵ら書状（『弘法大師全集』第五輯、三九二・三九九頁、密教文化研究所、一九六六年）。

（19）堀池春峰前掲註（10）（二）論考、四六五・四四一頁。

（20）角田文衞『佐伯今毛人』（人物叢書）二五六〜二五七頁、吉川弘文館、一九六三年。

（21）高木訷元『空海　生涯とその周辺』一一頁、吉川弘文館、一九九九年。

（22）堀池春峰前掲註（10）（二）論考、四四〇〜四四一頁。

（23）拙著『空海はいかにして空海となったか』一〇二頁、KADOKAWA、二〇一五年。

（24）拙著前掲註（23）書、五一〜七〇頁。以下はこれによる。

（25）拙稿「十住心思想の成立過程について」（『密教学研究』第一〇号、一〇一〜一三四頁、一九七八年）。

（26）渡辺照宏・宮坂宥勝『沙門空海』（ちくま学芸文庫）一四三頁、一九六七年。

（27）『東大寺要録』別当章第七所収「東大寺別当次第」（筒井英俊校訂『同書』一六四頁）。

(28) 筒井英俊校訂『東大寺要録』一六六〜一六七頁。
(29) 表6を作成するにあたっては、牛山佳幸「諸寺別当制をめぐる諸問題」(『古代史研究の最前線』第二巻、一〇七頁、雄山閣出版、一九八六年)を参照させていただいた。記して謝意を表する。
(30) 『日本三代実録』貞観十二年十二月廿五日壬寅条(『新訂増補国史大系』第四巻、二八二頁)。
(31) 『延喜式』巻二一 玄蕃寮(『新訂増補国史大系』第二十六巻、五四〇〜五四一頁)。
(32) 『延喜式』巻二一 玄蕃寮(『新訂増補国史大系』第二十六巻、五四〇頁)。
(33) 『日本後紀』弘仁元年九月己未条(『新訂増補国史大系』第三巻、九〇頁)。興福寺本『僧綱補任』は、修哲の律師補任を「弘仁元年九月甲寅」(甲寅＝十七日)とし、長恵・修円と同日であったと記す(『大日本仏教全書』一二三、八頁)。とすると、5延暦廿四年十一月十五日の目録にみられる「律師兼別当大法師位」の「律師」を、いかに解すべきであろうか。
(34) 『実相般若経答釈』(『定本全集』第四巻、一三七〜一四三頁、一九九五年)。以下に引用する空海の答釈は、すべてこれによる。
(35) 高木訷元『空海の座標　存在とコトバの深秘学』一六五〜一七一頁、慶應義塾大学出版会、二〇一六年。
(36) 光定『伝述一心戒文』巻上(『伝教大師全集』巻一、五三〇〜五三一頁、世界聖典刊行協会、一九七五年)。
(37) 『元亨釈書』巻二「奉実法師」(『新訂増補国史大系』第三十一巻、五一頁)。「年及㆓八十㆒始学㆓密宗㆒。耽味而忘㆓寝湌㆒。恨㆓得之晩㆒焉」とある。
(38) 『性霊集補闕抄』巻第十「故贈僧正勤操大徳影讃幷びに序」(『定本全集』第八巻、一九四頁、一九九六年)。
(39) 『実相般若波羅蜜経』の十五章の名称は、栂尾祥雲『理趣経の研究』によった(密教文化研究所、一九七〇年)。
(40) 『実相般若波羅蜜経』(『大正新脩大蔵経』第八巻、七七六頁中)。
(41) 『実相般若波羅蜜経』(『大正新脩大蔵経』第八巻、七七六頁下)。
(42) 『実相般若波羅蜜経』(『大正新脩大蔵経』第八巻、七七七頁上)。
(43) 『実相般若波羅蜜経』(『大正新脩大蔵経』第八巻、七七八頁上)。
(44) 『性霊集』巻第七「知識の華厳会の為の願文」(『定本全集』第八巻、一一九〜一二〇頁)。

「知識」で想起されることが二つある。第一は、わが国で書写された写経のなか、書写した年号を記す一等古い写経が「知識経」と呼ばれる『金剛場陀羅尼経』巻一であったことである。その奥書に、「歳次丙戌年五月、川内国志貴評内知識、為七世父母及一切衆生、敬造金剛場陀羅尼経一部、藉此善因、往生浄土、終成正覚」とある(『寧楽遺文』中巻、六一〇頁)。この丙戌の年は、六八六年とみなされている。第二は、東大寺の毘盧舎遮那仏の造立発願についてである。『続日本紀』天平勝宝元年(七四九)十二月条に、「去《い》にし辰年河内国大県郡の知識寺に坐《いま》す盧舎那仏を礼《をろが》み奉《まつり》て、則ち朕《われ》も造り奉らむと思へども、え為さざりし間に」(『新訂増補国史大系』第二巻、二〇六頁)とあり、聖武天皇は河内国大県郡の知識寺に祀られていた盧舎那仏を拝されたとき、大仏造立を発願された、といい伝えられてきたのであった。
(45) 『性霊集』巻四「酒人内公主のための遺言」(『定本全集』第八巻、七一〜七二頁)。
(46) 『日本紀略』天長六年八月丁卯(二十日)条(『新訂増補国史大系』第十巻、三二八頁)。
(47) 『日本紀略』弘仁八年四月甲寅条(『新訂増補国史大系』第十巻、三〇五頁)。
(48) 式部卿は葛原親王であろう。親王の薨伝が『日本文徳天皇実録』仁寿三年六月癸亥(四日)条にある(『新訂増補国史大系』第三巻、五三頁)。大蔵卿は不詳。安勅内親王の薨伝が『同書』斉衡二年九月癸亥(十七日)条にある(『同書』第三巻、七五頁)。
(49) 『東大寺要録』巻第四「諸会章第五」(筒井英俊校訂『同書』一三三頁)。なお、『性霊集』には、千燈会・万燈会の記録が見られる。『同書』巻七「和気夫人、法華寺に千燈料を入れ奉る願文」には、南都・法華寺における千燈会の記録が、『同書』巻八「高野山万燈会の願文」には、天長九年(八三二)八月二十二日、空海が高野山で始修した万燈万花会の記録が収載されている(『定本全集』第八巻、一一五〜一一六・一五八〜一五九頁)。後者には、空海が発した大誓願「虚空尽き、衆生尽きなば、涅槃尽き、わが願いも尽きん」を記す。
(50) 『性霊集』巻七「平城東大寺に於いて三宝を供養する願文」(『定本全集』第八巻、一一七頁)。
(51) 『般若心経秘鍵』(『定本全集』第三巻、三頁、一九九四年)。
(52) 『高野雑筆集』巻下(『定本全集』第七巻、一一四頁、一九九二年)。

(53)『御請来目録』(『定本全集』第一巻、一九・二七・一七頁、一九九一年)。
(54) 堀池春峰前掲註(10)(一)論考、四五一頁。
(55) 高木訷元『空海と最澄の手紙』八一頁、法藏館、一九九九年。
(56)『伝教大師消息』所収、弘仁七年二月十日付最澄書状(『伝教大師全集』巻五、四五〇頁)。
(57) 堀池師は、この書状は修哲に出されたものと見なす。すると、書かれた下限は、修哲が示寂した年とみなすべきであろう。興福寺本『僧綱補任』によると、修哲は天長八年に示寂したと記す(『大日本仏教全書』一二三、九頁)。
(58) 前掲註(55)に同じ。
(59) 前掲註(37)に同じ。
(60) 堀池春峰前掲註(10)(一)論考、四四九〜四五〇頁。以下は、この論考を参照させていただいた。
(61)『類聚三代格』巻二、承和三年五月九日付太政官符(『新訂増補国史大系』第二五巻、六七頁)。
(62) 前掲註(61)に同じ。
(63) 承和三年閏五月三日付僧綱牒(『弘法大師全集』第五輯、四六〇〜四六一頁)。
(64) 承和元年十一月「宮中真言院の正月御修法の奏状」(『定本全集』第八巻、一六二〜一六三頁)。
(65) 東寺灌頂院についての基本的なことは、『東宝記』第一巻「灌頂院」の項が参考となる(『国宝　東宝記原本影印』《巻一〜巻四》、一一二〜一三五頁、東京美術、一九八二年)。
(66)『類聚国史』弘仁十二年十月丁亥(二十四日)条(『新訂増補国史大系』第五巻、一七五・四七一頁)。
(67) 堀池春峰前掲註(10)(二)論考、四六五〜四六六頁参照。
(68) 阿部龍一「平安初期天皇の政権交代と灌頂儀礼」(サムエル・C・モース、根元誠二編『奈良・南都仏教の伝統と改革』八九〜一五九頁、勉誠出版、二〇一〇年)。
(69)『東大寺具書』(『続群書類従』第二十七輯下、九頁)。
(70) 承和三年五月五日付実恵ら書状(『弘法大師全集』第五輯、三九一頁)。
(71)『太上天皇灌頂文』(『定本全集』第五巻、一七頁)。
(72) 弘仁十三年三月二十六日出蔵注文(『大日本古文書』二十五、附録六五〜六七頁)。
(73) 弘仁十三年三月二十六日出蔵注文(『大日本古文書』二十五、附録九二頁)。
(74) 弘仁十三年四月十四日・五月六日付出納注文(飯田剛彦「玻璃装仮整理文書断片の調査」(『正倉院紀要』第二六号、一五〜四五頁、二〇〇四年))。
(75) 西本昌弘「平城上皇の灌頂と空海」(同著『空海と弘仁皇帝の時代』三九〜六六頁、塙書房、二〇二〇年。初出は二〇〇四年)。
(76) 西本昌弘前掲註(75)論考。
(77)『東大寺続要録』諸院篇「真言院」の項(『続々群書類従』第十一、二八七頁)。
(78)『南都七大寺巡礼記』真言院の項(『続々群書類従』第十一、五五六頁)。
(79)『東宝記』第二「灌頂院」の項所載の「灌頂院差図」(『密教大辞典』「灌頂院」の項、四一一頁)。『東宝記』によると、この差図の「本朝列祖名字等は寛信法務持本をもって写した」という。
(80) 堀池春峰前掲註(10)(二)論考、四六〇頁。堀池師は、二つの僧綱牒、すなわち「承和三年僧綱牒」と翌四年四月五日付で東寺別当三綱に宛てて出された僧綱牒を全く疑っておられないが、私はこの二つの僧綱牒は疑わしいと考える(拙稿「泰範の生年をめぐる諸問題―承和四年四月五日付僧綱牒の信憑性―」(拙著『弘法大師空海の研究』四一一〜四七八頁、吉川弘文館、二〇〇六年。初出は二〇〇二年))。
(81) 行遍本『行化記』・深賢本『行化記』は、ともに『弘法大師伝全集』に収録されている(『伝全集』第二、一四〇〜一七五・一七六〜二四一頁)。
(82) 四種類の『行化記』とは、①敦光本、②群書類従本、③行遍本、④深賢本の四つである。すべて『弘法大師伝全集』第二に収載されている(『伝全集』第二、五九〜二四一頁)。
(83) いま一つ、二十一口定額僧にはいかなる資格を有する僧を選任すべきかについても記されていない。たとえば、弘仁十四年十月十日付太政官符で東寺に置かれた「真言宗僧五十人」には「一尊法を受学し、次第功業有る僧を以て之に補せよ」とあった。
(84) 真昶の名は『平安遺文』の一二九・四四七二・四四八五・四五〇六・四五二九・四五三〇・四五三五番文書に見られる。同様に、安智は九一・一〇一・四四四一番、安軌は四五三五・四五三六番、峰仙は一四八番、峰恵は四四五一番の文書にその名がみられる。

（85）『類聚三代格』巻二所収、弘仁十四年十月十日付太政官符（『新訂増補国史大系』第二十五巻、五五～五六頁）。

（86）天長元年六月十六日付太政官符（『弘法大師全集』第五輯、四三六頁）。

（87）『続日本後紀』承和二年正月壬子（六日）条（『新訂増補国史大系』第三巻、三五頁）。

（88）弘仁十三年二月十一日、南都仏教の総本山ともいえる東大寺の中央に灌頂道場を建立し、鎮護国家のために息災・増益の法を修すべきことが命ぜられた。このことは、空海並びに真言宗にとって、また南都仏教諸寺にとって、いかなる意義・意味を有したのかについても検討すべきと考えるが、紙数が尽きた。参考までに、堀池春峰師の一文を紹介しておきたい（堀池前掲註(10)（二）論考、四六〇・四六六頁）。

灌頂院創立の今一つの重要な意義は、官大寺の筆頭である東大寺に建立されたということである。（中略）官寺にこの施設が設けられたことは、太政官や僧綱自らが真言立宗を認定したものというべきで、真言宗を空海の『十住心論』の上進、または承和二年の真言宗年分度者の年をもってするのは当たらない。東寺灌頂院は空海没後一年二か月を経た承和三年（八三六）五月に至って定額僧二一人の設置が行われた。これら定額僧の設置は以後東大寺真言宗の根幹を成すもので、その支配は東大寺別当の下にあり、欠員が生じた場合は補充され、その交名は別当より僧綱に報告された。

真言宗開宗というか立宗については当時の文献史料にはなんら明記するものがない。『十住心論』を上進した天長七年にあるいは年分度者の認められた承和二年にその起源を求めるが、官許というべき東大寺灌頂院の創立の弘仁十三年二月をもって、まさに真言宗は空海の真言宗でなく、公的な新宗派として成立したとせねばならない。

真言宗・寺院制度・唐からみた東大寺と空海

―東大寺真言院を中心に―

堀　裕

はじめに

東大寺真言院に関する規定を記すのが、『類聚三代格』巻二の承和三年（八三六）五月九日官符である。空海は、嵯峨天皇退位前年の弘仁十三年（八二二）二月十一日に出された奉勅の官符によって、東大寺の灌頂道場の建立と修法を命じられた。さらに、これを引用する空海没後の承和三年五月九日官符によって、東大寺真言院に二十一人の僧を置くように命じている。本論は、この承和三年官符をめぐる検討を目的とするのだが、あらかじめ三つの論点を提示することとしよう。

承和三年官符を考えるにあたっては、この官符を受けて、約一箇月後に出された承和三年閏五月三日僧綱牒を避けて通ることはできない。この僧綱牒は、承和三年官符を引用しながら、二十一人の僧の名前を挙げて定めたものである。

ところが、これまでの多くの研究は、これを正面から検討してこなかった。管見の限り、武内孝善氏[1]が、平安後期に造作された史料と評価している。武内氏は、史料の初見とみる行遍撰『大師行化記[2]』の書写奥書が、建仁元年（一二〇一）と比較的新しいことに懸念を示した。確かに、本史料を慎重に評価するべきであることに異論はない。武内氏はさらに、本僧綱牒の手続き上の問題を取り上げている。詳細は本論で検討するが、真言院を管理する専当法師による二十一人の僧侶の選定申請にあたって、太政官を経るなど複雑な手続きを経たはずであるにもかかわらず、その記述が無く、また専当法師の解状が引かれていないことが疑わしいなどとした[3]。まずは、その真偽のための検討を尽くすこととしよう。

次に、弘仁十三年と承和三年の内容がどのような関係にあるのかを明らかにしたい。そこでまず、東大寺真言院の創建時期をめぐる議論に触れたい。その創建は、一般に弘仁十三年[4]と考えられており、例えば、堀池春峰氏[5]は、この時、最澄の大乗戒壇を牽制する意図をもって、当時の政府や僧綱自らが、真言立宗を認定したと捉えた。

これに対して、弘仁十三年の命令は恒常的な修法ではなく、承和三年になって東大寺真言院が建立され、修法も恒常化したとする藤井恵介氏[6]の説がある。その後、承和三年官符には、建物が建てられたとの文言はない等とする山岸常人氏の批判[7]があった。本論では、これら[8]を踏まえて検討したい。

また、両段階の差は、建物の創建や恒常的な修法の有無といった論点だけでなく、真言宗の変化に注目すべきではないかと考える。先にあげた堀池氏[9]は、律宗を確立した鑑真等の戒壇院創建に准え、弘仁十三年の真言院建立を「六宗兼学の東大寺」のなかの「新しい宗派の兼学」と位置づける。八世紀的な宗のひとつとして真言宗を捉えたのである。他方で、永村眞氏[10]は、承和三年の官符によって、東大寺真言院に置かれた僧が、食事の際、真言院における別当の監督のもと、東大寺食堂に行かなくてもよい点に注目し、「院家」と東大寺「寺家」が距離を置く関係であることを象徴的に示すとしている。両氏の研究は真言宗の異なる側面を示しているが、弘仁十三年と承和三年には段階差が予見される。

これと関連するのは、寺院の食堂を分析した吉川真司氏[11]の研究である。吉川氏は、東大寺二月堂修二会において、練行衆が二月堂食堂を用いることを例示し、弘仁十三年に始まる灌頂道場での修法期間中も、修法僧が東大寺食堂に行くことはできなかったと想定した。これが、承和三年になると、恒常的に食堂参集が免除された結果、食堂における東大寺寺僧集団との共食儀礼に参加しなくなり、さらに十世紀以降になると寺内院家が多数成立することで、特別な儀礼を除けば食堂に参集することはなくなると描出している。

弘仁十三年と承和三年との段階差について、吉川氏は寺僧集団の問題として論じるが、堀池氏や永村氏の研究を踏まえれば、一義的には真言宗、あるいは天台宗を含んだ新たな宗派集団の確立過程として捉える必要がある。

三つめに、東大寺灌頂道場の創建と空海の活躍時期との関係である。空海の活躍開始時期として、淳和天皇の即位が注目されてきた。薗田香融氏[12]によれば、嵯峨天皇は「最後まで崇仏の君主ではなかった」が、淳和天皇になって「はじめて空海は得意絶頂の時期を迎えた」とし、川崎庸之氏[13]は、嵯峨天皇が空海を「第一級の文人として」扱っていたが、淳和天皇は「密教の法匠として」扱ったとしている。嵯峨天皇を画期として強調する西本昌弘氏[14]の研究などもあるが、嵯峨天皇の灌頂や、嵯峨天皇による空海への東寺勅給などを論拠とした点には従い難い[15]。

ただし、拙稿[16]では、淳和天皇即位後の画期を重視しつつ、空海活躍の始まりとして、嵯峨天皇退位直前の東大寺灌頂院創建と修法の開始にあると述べてきた。西本氏等[17]が論じたように、灌頂院では平城太上天皇等の灌頂が行われたと考えられる。つまり、東大寺灌頂院創建の評価は、嵯峨天皇退位直前になされた仏教政策とは何か、それがどのように淳和天皇の政策へと展開したのか、空海と天皇、あるいは国家の密教政策の転換にとって意味をもつのである。

このほかに、看過できない論点として取り上げるべきは、平岡定海氏[18]が、弘仁十三年と承和三年の両官符の内容について、唐の不空が大興善寺で灌頂道場を開き、のちに定員を確保したことを模倣したと指摘した点である。多くは今後の課題とするが、空海が不空になぞらえて提案した施策との関係にも触れたい。

一　承和三年格の基礎的検討

(一)　『類聚三代格』と承和三年五月九日格

初期東大寺真言院に関する基本史料は、空海没後に出された、次の『類聚三代格』巻二に掲載する承和三年（八三六）五月九日官符である。[19]なお、以下では、承和三年格と呼称する。

【史料一】『類聚三代格』巻二・承和三年五月九日官符

　太政官符

　　応下東大寺真言院置二廿一僧一令中修行上事

右検二案内一、太政官去弘仁十三年二月十一日下二治部省一符偁「右大臣宣、奉レ勅、去年多雷、恐有二疫水一。宜レ令下空海法師於二東大寺一為二国家一建二立灌頂道場一、夏中及三長斎月修二息災・増益之法一、以鎮中国家上」者。今被二従二位行大納言兼皇太子傅藤原朝臣三守宣一偁「自レ今以後、宜下件院置二廿一僧一、永為二定額一、不レ向二食堂一、全令二修行一、別当之僧専中当其事上。但住僧夾名、専当法師等簡定、牒二僧綱一令レ行。若僧有レ闕。随以補レ之。」

　　承和三年五月九日

やや言葉を補って大要を示したい。太政官が去る弘仁十三年（八二二）に治部省に下した符によれば、「右大臣が宣していうには、勅を奉るに、去年の冬に多く雷があり、疫病や水害の恐れがある。そこで、空海に命じ、東大寺に国家のために灌頂道場を立て、夏安居（四月十五日から七月十五日）と三長斎月（正月・五月・九月）の間、息災・増益の法を修させることで、国家を鎮めさせよ」と命じた。（承和三年の）今、藤原三守の宣を受けて言うには、「今より、真言院に二十一人の僧を置いて定員とし、（他の東大寺僧のように東大寺）食堂に向かわず、完全に修行をさせ、別当の僧に運営を専当させることとする。ただし、（真言院の）住僧の名簿は、専当法師等が選び定め、僧綱に牒して、行わせることとしなさい。もし、欠員が生じた場合は、その欠員に従って補いなさい」とした。

ところで、これまでの真言宗を研究する研究者の中には、『類聚三代格』の史料的な性格を念頭に置かずに真言宗関係の格を検討する例がみられる。[20]そこで、冗長であることを承知の上で、正史も含め、史料的な性質の紹介も加えた検討をしたい。

正史の記事は、本来発給されていた元の史料があり、これを改編して、年代順に配置している。本格と関連する『続日本後紀』承和三年五月丁未条には、「是日、勅、去歳冬雷、恐有二水害・疫気之災一。宜下於二東大寺真言院一建二立灌頂道場一、置二廿一僧一、夏中及三長斎月、修二息災・増益之法一、以鎮中国家上。永為二恒例一。」とあった。[21]

この記事は、史料一とは異なり、「疫水」を「水害・疫気之災」とするが、原史料の記載に忠実であったか、あるいは『続日本後紀』編纂時の変更といってよい。また、史料一と比べ、「置二廿一僧一」を記す位置を変えることなどで、文章の構造を簡略にしている。けれどもその結果、「去歳」が、弘仁十三年ではなく、承和三年を起点とするように変化したほか、承和三年になって、新たに東大寺真言院に灌頂道場が置かれる内容になっている。この点は、編纂者の意図というよりは、元の史料からの抄出をやや乱雑に行った結果と推測する。

同様に、史料一自身についても、『類聚三代格』に掲載されるまでの経緯を概観しよう。[22]現在残されてはいないが、当然史料一の元となる官符が存在していた。これを承和三年原官符と呼ぶ。貞観十一年（八六九）撰進の『貞観格』編纂は、『弘仁格』と同じく官司ごとにまとめる方針であったため、原官符にあった、太政官符の宛先である「治部省」[23]の文言や、官人の位署などは、不用となって省かれた。この時、もし承和三年以降に、本官符に関する部分的改訂があった場合は、『貞観格』編纂時に、とくに注記もなく本官符に加筆補訂された可能性もある。それを十一世紀になって、政務処理の便宜のため、すべての格を項目ごとにまとめ直したものが『類聚三代格』であった。

つまり、承和三年格は、『貞観格』編纂時の現行法である。そのため、今述べたように、承和三年から『貞観格』編纂までの変更が加筆修正されている可能性がある一方で、貞観十一年までは、東大寺真言院に二十一人の僧を置くなどの命令が有効であったことも確認できる。

㈡　東大寺灌頂道場の建築と修法

真言院の建立が、弘仁十三年ではなく、承和三年であると唱えた藤井恵介氏の説については、山岸常人氏の批判があることをすでに紹介した。山岸氏が指摘するように、確かに承和三年五月九日官符には、東大寺真言院に二十一人の僧を置いて修法させることを命じたものの、建物を建てたとする記述は無い。これらの点を踏まえ、承和三年官符の意図がどこにあるのかを検討するが、結論を先に述べれば、山岸説を補強することになる。

まず、史料一の事書には、「応下東大寺真言院置二廿一僧一令中修行上事」とあり、「修行」の語句はあるものの、定額の僧の設置が目的である。そこで、『類聚三代格』の事書の中で、寺院に定額の僧を設置することのみを記した史料をとりあげ、すべて建物の建設が終わったあとの命令であることを明らかにしたい。以下の四つの史料は、いずれも『類聚三代格』巻二から引用する格であり、最初に年月日を記し、次に事書を示すこととしよう。

(a)　弘仁十四年十月十日官符「真言宗僧五十人」

真言宗僧五十人を東寺に住まわせることを命じた官符である。これより以前の弘仁四年には、すでに東寺と西寺で安居が始められている。[24]それゆえこの時、寺院の造営が開始された訳でも、寺院としての活動が始まった訳でもなかった。さらにいえば、これから任命されるはずの僧侶の一部が、すでに東寺に住んでいてもおかしくはない。

(b)　貞観十八年三月十四日官符「応レ置二延暦寺西塔院八僧一事」

常済の申状によると、先師恵亮が、嘉祥三年（八五〇）から八僧で勤修するようにしており、「仏燈僧料」も充てられていたが、この八僧に対する「禅師之号」と「公家之験」を求めて許可されたのが本官符である。八僧を置くというのは、官符発給以前から、西塔院はもちろん、八僧の実態もあった上で、公的な称号と任命を求めたものであった。

(c)　元慶五年（八八一）三月十一日官符「応レ置二延暦寺文殊楼四僧一事」

文殊楼検校の承雲の申状によれば、文殊楼は円仁の遺嘱により、貞観十二年に「公家」に進め、同十八に「官牒下二知寺家一」していた。そこで、清和太上天皇が、去る元慶三年に、近江国大浦庄を施入しており、そこから燈分や修理料に充てた残りを用いて、僧四口を置く供料とし、「晝夜二時修二文殊法一」を行った。ここでも、文殊楼はすでに建立されている。

(d) 仁和二年（八八六）七月二十七日官符「応レ置二延暦寺西塔院釈迦堂五僧一事」

延最の申状によれば、最澄が釈迦仏像を作って西塔院に置き、「住持之主」に長講を行わせたが、円澄はその付嘱を受けて「西塔之仏事」を運営してきた。そこで五僧を置いて、読経・念誦を行うように命じている。やはり建物の建立を命じている訳ではない。

少なくとも『類聚三代格』において、事書に僧の設置のみを記した格はすべて、すでに使用している建物があり、中にはすでに修法を行っている実態さえもあった。これは、寺院だけでなく、官司における人員の設置とも共通する。つまり、山岸氏が、承和三年格に真言院を建設した記述がなく、それ以前からあったとする指摘は首肯されるのである。

また藤井氏は、史料一から弘仁十三年は臨時の修法であったとするが、承和三年官符では、「全令二修行一」ことを命じるものの、修法のための供料が設定された訳ではないことから、弘仁十三年の開始時点でも臨時の修法ではなく、恒常的な修法であったと考えられる。

なお、弘仁十三年時点の会場が、東大寺真言院と同じであった可能性は高いと考えるが、明確ではない。この点、杉本一樹氏[25]が行った、正倉院の繊維製品の銘文再調査のなかで、庸布の中に、「南院」の墨書があることを報告した点に触れなければならない。これらのうち、年紀のある三点は、天長五年（八二八）十月ないし同年十一月の年紀を持つ上総国の庸布であり、このほかにも「上総国印」のみが残るものがある。いずれも、銘文や上総国印のある面からみて裏面に「南院」と墨書がある。杉本氏は、『東大寺要録』の記載から、この「南院」を「真言院」と捉えている。

この史料を杉本氏からご教示いただいた時に、口頭で言われたように、庸布の負担者を記載した天長五年から、どの程度時期が下って東大寺で「南院」が墨書され、用いられたかは不明である。ただし、史料一の承和三年よりも遡って東大寺真言院があった可能性が示されたのは、やはり、山岸氏の検討を補強する史料といってよいだろう。

最後に、空海による東大寺での灌頂道場の設置がならった、唐不空による灌頂道場設置[26]から補足したい。それは、政情不安と一体である二度の申請が関連する。[27]まず、粛宗の乾元三年（七六〇）に「請大興善寺修灌頂道場」とあり、災いを防ぐために、大興善寺で「為国修一灌頂道場。其道場有息災・増益之教、有降伏・歓喜之能。奉此功力以滅群兇、上滋聖寿無疆。」することを許可された。[28]また代宗の広徳元年（七六三）には、再び、「請為国置灌頂道場」として、「是以剋己服勤不捨、晝夜誓志鑽仰、豈敢怠遑。冀毎載夏中及三長斎月、依経建立。厳浄花以開覚、使有識而帰真。庶辺境粛浄、聖躬万寿、不勝懇念之至。[29]」とした結果、翌年大興善寺に四十九人の僧の設置が許可されたのである。岩崎日出男氏[30]によれば、これらは一般的な灌頂とは異なる現世功徳を求めた灌頂であった。

弘仁十三年官符が参照したのは、こうした不空による「為国置灌頂道場」であり、前者のおそらく臨時的な「息災・増益之教」と、後者の恒常的な毎年の「夏中及三長斎月」をあわせて作成された点は、空海の創案であった。後者によれば、毎年灌頂道場を舗設するような空間であり、日本の真言院における舗設と共通する。さらに後者の期間、修行を実施する要素を取り入れた空海の意図は、やはり恒常的修法にあったと考えられる。

二　承和三年閏五月三日僧綱牒の検証

後世に史料が造作されることはごく一般的な出来事であり、とくに空海の事跡を中心とする真言宗関係の史料は、そうした史料の存在が多く指摘されている[31]。付けられた年紀と作成時期が一致するかどうかは、個々に慎重な検討が必要である。

今問題とする承和三年（八三六）閏五月三日僧綱牒を引くこととしよう。以下、承和三年僧綱牒と呼称したい。なお、この僧綱牒を掲載する史料は、武内孝善氏が示した建仁元年（一二〇一）四月二十日の奥書を持つ行遍撰『大師行化記』や、勝賢撰『弘法大師行化記』[32]のほかいくつかある[33]。ここでは、これまでほとんど利用されてこなかった奈良国立博物館所蔵『弘法大師御勘文』巻下から引用しよう。この史料の上巻書写奥書は、天仁二年（一一〇九）十一月であり、これが正しければ、武内氏の示した例よりも遡ることができそうである。

次の史料中に筆者が加筆したうち、傍線は、史料一と対照して見られなかった語句であり、〔　〕は、史料一にあって史料二にはない語句である。諸本で文字の異同がある場合は、＊を傍書し注で示したほか、いずれの諸本とも異なり、訂正すべきと考えた場合は、傍書で示した。

【史料二】奈良国立博物館所蔵『弘法大師御勘文』巻下[34]

僧綱牒　東大寺別当・三綱
応下東大寺真言院置二廿一僧一令中修行上事
伝燈大法師貞観　大法師真无**　大法師慧涼**
満位僧真昶　住位僧真皎　住位僧安智
住位僧真顕　住位僧真訓　僧良慶
僧安軌　僧慶基　僧統*梁
僧慶定　僧如行　僧峯元
僧峯肇*　僧峯初　僧覚命
僧峯*朗　僧峯仙　僧峯恵

牒被二太政官五月九日符一偁「検二案内一、太政官去弘仁十〔三〕年二月十一日下二治部省一符偁『抜苦与楽、仏乗是在、至心讃仰、何事不レ成。右大臣宣奉レ勅去年〔冬*〕雷、恐有二疫水。宜レ令下空海*法師於二東大寺一為レ国〔家*〕建二立灌頂道場一、夏中及三長斎月、修二息災・増益之法一、以鎮中国家上。諸宗勠レ力勤二修持一、龍神八部、豈不二相応二』者。被二従二位行大納言兼皇太子傅藤原朝臣三守宣一偁『自今以後、宜下件院置二廿一僧一、永為二定額一、許レ不レ向二食堂一、全令二修行一、伝燈*〔位脱〕大法師実恵・伝燈大法師位円明専中当其事上。但住*僧夾名、専当法師等簡定、牒二僧綱一令*レ行。若僧有レ闕、随以補レ之。』」者。仍下レ牒如レ件。寺宜二承知一状、牒到准レ状故牒。

承和三年閏五月三日　従儀師壽福
大僧都豊安　威儀師孝送
小僧都　威儀師金雄*
小僧都

律師
権律師
律師善海
律師実恵

武内氏がこの史料に対して示した手続き上の問題を取り上げたい。武内氏は、承和三年格にもある「住僧夾名」の提出方法を検討し、「専当法師等」による夾名が解状で上奏されたのち、太政官から治部省、玄蕃寮、僧綱を経て東大寺三綱に牒が下されたにもかかわらず、史料二に解状が引用されていないことと、太政官から僧綱へ符が下されているように見えることが問題だとした。

前者については、史料一と史料二に「但住僧夾名、専当法師等簡定、牒二僧綱一令レ行」とあることを見れば、平岡定海氏や堀池春峰氏が示したように(35)、専当法師等が「住僧夾名」を簡定したのち、ただちに僧綱に牒を送ったと理解すべきである。なお、平岡氏と堀池氏の間では、「専当法師等」の理解が異なるが、この点は後で述べることとしよう。いずれにしても上奏などは考え難く、武内氏が論じるべきは、専当法師等の牒の記載がないことであろうが、それも省略されたとみることもできよう。

後者については、確かに事書冒頭の「牒」と「被」の間に、「玄蕃寮○月○日牒云、治部省○月○日符偁」等の文言があってしかるべきである。ただし、これを造作上の疎漏とみるか、書写の過程での脱落とみるかは判断し難い。

次に、もっとも造作されやすく、破綻の出やすい僧名の一覧について検討をしたい。この中には、のちに東大寺別当に補任された僧がおり、それに任命する際の太政官牒には、年齢と戒﨟が記されている。これを用いて、承和三年当時の年齢等を逆算することができる。「満位僧真昶」の場合、東大寺別当に任命された元慶三年（八七九）当時、年七十三、﨟五十四と記される(36)。その四十三年前の承和三年には、年三十、﨟十一となる。「僧安軌」も、東大寺別当に任命された元慶四年四月には、年六十八、﨟四十九とあることから(37)、同じく承和三年には、年二十四、﨟五となる。いずれの年齢・戒﨟も、本僧綱牒にとって矛盾がない。しかも「住位僧安智」は、約一年半後の承和五年正月に「住位僧安智」として造東大寺所別当知事に任命されており、僧名一覧の信憑性を高めることとなる(38)。

このほかにも、他の史料から、同一人物に比定できる僧もいる。たとえば、「住位僧真皎」は、『東寺要集』に掲載する真雅による元慶二年十一月十一日の本朝真言宗伝法阿闍梨師資付法次第事(39)に、真雅付法弟子の五人のうちの一人「十禅師伝灯大法師位真皎」とあるなど、それらは概ね破綻がない(40)。

さらに、史料一の承和三年格に対して、造作の結果、増補された可能性のある個所、つまり傍線部を引いた部分をみてみよう。これらの用語は、管見の限り、九世紀の用例とみても矛盾はないと考える(41)。また、宛所の「東大寺別当・三綱」もこの当時のものとして問題はない(42)。

ただし、このほかに、一見すると疑念を抱く二箇所がある。一つは、署名の「権律師」の位置が、律師と律師の間に挟まれている点である。この点は、園城寺文書に収録される円珍の位記が、ほぼ同時期のものであり、参照することができる。なお、「 」内は自署であることを示している。

【史料三】承和四年七月二十二日円珍伝灯住位位記㊸

僧綱

僧円珍年廿三臈五　延暦寺

今授伝灯住位

承和四年七月廿二日

大僧都伝灯大法師位「豊安」　威儀師伝灯大法師位「信證」

少僧都伝灯大法師位「泰景」　威儀師伝灯法師位「金雄」

少僧都伝灯大法師位

律師伝灯大法師位「慈朝」

権律師伝灯大法師位「延祥」

律師伝灯大法師位

律師伝灯大法師位

これによれば、先の史料二の僧綱牒が、僧位を省略したことが確認できる。また、威儀師の一人「金雄」は同じだが、もう一人が異なり、この点は史料二とは符合しない。しかしながら、僧綱の構成員が一致するだけでなく、権律師延祥の署名する位置もやはり律師に挟まれている㊹。この配列は、承和五年正月二十六日僧綱牒の位署㊺でも確認できることから、史料二は、むしろ正しいとすべきである。

もう一つの問題点は、史料中で、同じ承和三年のこととする実恵の僧位・僧官の表記が異なる点である。史料二の中で、承和三年五月九日官符に引用された箇所では、「伝燈大法師実恵㊻」とある一方、承和三年閏五月三日僧綱牒の署名では「律師実恵」としている。けれども、この二つの日付の間にあたる五月十日に、伝灯大法師位の実恵は、律師となっており㊼、実はこの点も矛盾がない。

以上、承和三年格と承和三年僧綱牒の基礎的な検討を行った。僧綱牒が造作でないことを証明する作業は、困難というほかない。ただし、検討した限りでは、承和三年僧綱牒には、決定的な矛盾がなく、むしろ僧位・僧官などの細部で正しく記載していることから、後に造作された文書ではないものと判断し、以下の分析を行う。

三　承和三年僧綱牒と承和三年格の比較

㈠「別当之僧」と「専当法師等」

史料一の承和三年（八三六）格と、史料二の承和三年僧綱牒に引かれた承和三年官符との関係について、改めて両者の史料的な性質から確認しておきたい。承和三年格は、承和三年原官符を『貞観格』編纂時に改変したものであった。この時、格として不用な箇所は削られたほか、内容の改変や付加された可能性もある。これに対して、承和三年僧綱牒に引かれた承和三年官符は、そのような削除や改変・付加以前の原官符の姿を一部残すと考えられる。

ここで注目したいのは、本来は、史料二のように「伝燈大法師実恵・伝燈大法師位円明」とあった語句が、格編纂時に、史料一の「別当之僧」に書き換えられた点である。改変の意図は後で検討するとして、先に史料一において、「宜下件院置二廿一僧一、永為二定額一、不レ向二食堂一、全令二修行一、別当之僧専中当其事上。但住僧夾名、専当法師等簡定、牒二僧綱一令レ行。若僧有レ闕。随以補レ之。」とあるうちの(A)「専当」する「別当之僧」と、(B)「専当法師等」との関係をめぐる研究史を紐解きたい。

平岡定海氏は㊽、AB両者を東大寺別当と捉え、「東大寺別当において住僧の交名をば僧綱に申請する」と述べた。堀池春峰氏は[49]、Aを東大寺別当と捉え、東大寺別当の支配下に真言院の真言僧があると評価し、B「住僧夾名」を簡定する真言院の専当法師とは別のものと考えている。藤井恵介氏は、Aを真言院別当と捉えていることから、Bも真言院別当と考えていると推測される。

このような三説を検討するにあたって、「専当」する「別当之僧」が単数と見られるのに対し、「専当法師等」が複数である点に注目したい。ABを共通のものとみる平岡説や藤井説は、東大寺別当であれ、真言院別当であれ、「別当之僧」は一般に単数と考えられることから、複数人がいるような記述は不自然である。つまり、承和三年格を内在的に読む限り、堀池説がもっとも整合的と考えざるを得ない。ただ、果たしてこの理解に問題はないのだろうか。

ここで、承和三年格の「別当之僧」が、本来、承和三年僧綱牒にみる「伝燈大法師実恵・伝燈大法師位円明」である点を取り上げなくてはならない。この実恵と円明は、ともに空海の弟子であり、東大寺僧と考えられる[50]。それゆえ、この二人が、真言院を専当することに矛盾はない。そのうえで、史料二に、「宜㆘件院置㆓廿一僧㆒、永為㆓定額㆒、許㆑不㆑向㆓食堂㆒、全令㆓修行㆒、伝燈大法師実恵・伝燈大法師位円明専㆗当其事㆖。但住僧夾名、専当法師等簡定、牒㆓僧綱㆒令㆑行。若僧有㆑闕。随以補㆑之。」とあることから、「専当」する実恵と円明がつまり、「住僧夾名」の簡定をする「専当法師等」であるとみてよいだろう。先に注目した「専当法師等」が複数形であった理由も、「専当」する者が二人いたと考えれば、整合的である。

立ち返って、承和三年格が、二人の僧侶の名前を「別当之僧」に書き換えた理由は[51]、『貞観格』編纂時に、すでに亡くなっている二人の名前を掲載する意味は無かったことも挙げられよう。さらにいえば、『貞観格』において、個別の人物に与えられた権限を示すのは、編目のひとつである「臨時格」の特色であるのに対し[52]、本格は「治部格」[53]であり、個人名を抽象的な「別当之僧」に書き換えることで、永続的な法典であることを明示したとも考えられる。

以上の検討を踏まえ、改めて先の三説を検討したい。承和三年僧綱牒が引く原官符と承和三年格を個々に整合的に捉えるならば、次のように考えることができる。①承和三年原官符では、二人の真言院「専当」が置かれ、彼らが「住僧夾名」を簡定する「専当法師等」であった[54]。②承和三年格では、二人の僧名を東大寺別当である「別当之僧」に変更し、その権限を強化する一方で、真言院の「住僧夾名」を簡定する「専当法師等」はそのままにしたとみることができる。これはつまり堀池説と同じであり、その説の妥当性を示すように見える。

けれども、承和三年僧綱牒が引く原官符と承和三年格の間に、変更がなかった可能性も考えなくてはならない。繰り返しになるが、①承和三年原官符では、二人の「専当」がおり、それが「専当法師等」であった。②承和三年格をこれと同じ内容であるとみると、「専当」する真言院の別当僧がおり、それは「専当法師」とのみあるはずであったが、『貞観格』編纂段階で、原官符にあった「等」を削ることを怠ったと考えることもできる。

この『貞観格』編纂時の疎漏を想定する案は、史料の完全性への疑念を前提とすることに弱点があるが、この可能性を必ずしも否定することはできない。これは、承和三年格を内在的に読む試みとしては失敗していた藤井説が、結果として正しかった可能性を残すことになる。

二　弘仁十三年と承和三年の段階差

はじめにで行った議論を繰り返せば、弘仁十三年（八二二）の真言宗は、諸宗兼学の視点から捉えられてきた研究がある一方、承和三年は、宗を看板とする院家の自立過程とみる研究があることを紹介した。ここから、真言宗そのものの変化が予見されるのであり、古代寺院の食堂の変化もまずはその視点から解く必要があると説いた。

そこで、注目すべきは、史料二のなかの承和三年原官符の独自記事となる次の一文である。厳密にいえば、承和三年原官符に引用された弘仁十三年官符の内容となる。「宜レ令下空海法師於二東大寺一為レ国建二立灌頂道場一、夏中及三長斎月、修二息災・増益之法一、以鎮中国家上。」と、史料一にも記される修法内容を記した後に、「諸宗勠レ力勤二修持一、龍神八部、豈不二相応一」とあった。ここで、この修法を「修持」するのが「諸宗」とあったように、弘仁十三年の時点で構想されたのは、真言宗僧というより、真言宗を学ぶ諸宗の東大寺僧によって支えられる灌頂の行法であったと考えられる。

吉川真司氏は、食堂の利用形態の問題から、弘仁十三年段階の修法を東大寺二月堂修二会に准えたが、そもそも、諸宗の僧侶の参加を求めた修法の実施形態そのものが、東大寺二月堂修二会と同じであったと言わねばならない。

ここで、九世紀前半における真言宗の制度史を考えたい。淳和天皇が即位したのちの弘仁十四年十月十日[55]になって、東寺に真言宗僧五十人の設置が認められた。その後、天長元年（八二四）には、神護寺に淳和天皇一代を限って年分度者が置かれ、次の仁明天皇が即位すると、承和二年に真言宗年分度者三人が恒久的に設定されたのである。つまり、弘仁十三年に東大寺灌頂院が創建された時、真言宗は、宗毎の年分度者が与えられていた他の宗に比べれば、宗としてより不十分な状態にあった。

それゆえ、上記のような修法実態は、弘仁十三年当時において、ある意味当然でもあった。そして、それはまだ嵯峨天皇が在位中のことであることを考えれば、東大寺[56]における灌頂院の創建は、空海にとっては大きな一歩ではあったが、真言宗の自立化からみれば淳和天皇の即位を俟たなければならなかったのである。

それでは、承和三年に設置された二十一人の僧は、どのような存在であったのだろうか。先に見た唐不空の例を考えると、弘仁十三年段階では、乾元三年（七六〇）と広徳元年（七六三）の不空の申請を合成した内容であったが、広徳二年に認められた大興善寺の四十九人の僧設置にならった政策は実現できていなかった。空海の東大寺灌頂道場設置命令の典拠が、不空の施策にあることを知る弟子が、不空にならって二十一人の僧侶の設置も申請したと考えられる。それは、空海が没した直後であって、弟子たちが、空海の力だけに頼らず、真言宗を制度として整えるための最初の試みでもあったというべきである。

真言院に関連する僧たちの活動を見ると、専当する実恵や円明は別格として、二十一人の僧侶のなかで、伝法灌頂を受けたことが確認できるのは、真皎に限られたようである。のちに東大寺別当となる真昶や安軌でさえもその対象ではなかった。管見の限り、後の史料にも、彼らの「宗」を記すものはない。これらのことから、真言院は、一時は東大寺別当になるほど有力な僧を輩出する組織ではあったが、真言宗の正当な血脈からは遠ざかっているようにみえる。また、「不レ向二食堂一」の特権を握りながらも、南都諸大寺から離れた拠点で活躍する有力な真言僧とは異なり、諸宗兼学の要素をより強く残したのかもしれない(57)。

おわりに

本論のまとめと補足を行いたい。承和三年（八三六）五月九日格や承和三年閏五月三日僧綱牒などの史料的な検討を行い、とくに承和三年僧綱牒が、いわゆる偽文書ではないことを示した。この結果、承和三年僧綱牒に引かれる承和三年五月九日官符には、『貞観格』編纂時に削除・改変された承和三年五月九日格には無い記述があり、これは原官符の記述が残されたものであるといえる。また、承和三年原官符には、弘仁十三年（八二二）官符が引かれるが、そこにも、これまで知られなかった内容が含まれていた。

承和三年格の分析の結果、承和三年の時点で、東大寺真言院はすでに建設されており、弘仁十三年から行われていた恒常的な修法を継承・発展させたことを明らかにした。弘仁十三年の灌頂道場の設置場所の明証はないものの、「南院」、つまり「東大寺真言院」の可能性が高く、毎年灌頂道場が舗設されたと考えられる。

承和三年原官符では、専当する実恵と円明が「住僧夾名」の簡定にあたったが、承和三年格では、実恵と円明の語句は、専当する「別当之僧」に改変された。承和三年格が、承和三年原官符と同じ制度であった可能性も残る一方で、史料の記述が無謬であるならば、東大寺僧別当が、明確に真言院を管理する立場に位置付けられたとする堀池春峰説が正しい。

重要な点は、弘仁十三年の修法が、東大寺の諸宗の僧が支える形になっていた点である。これに対し、承和三年には、食堂に向かう義務のない二十一人の僧によって構成されるが、彼らは、空海没後の弟子等による真言宗制度の整備とともに形成された真言宗僧の可能性が高い。ただし、諸大寺から離れて活躍する真言宗僧に比べればなお諸宗兼学の要素を残していた可能性がある。これらの点は、真言院の衰退、東南院の発展に繋がった可能性があろう。

最後に、東大寺真言院の真言宗としての段階を検討してきたが、そこで行われた可能性のある平城太上天皇等への灌頂も含めて評価する必要がある。この灌頂を平城太上天皇と嵯峨天皇の和解とみる阿部龍一氏の説(58)に従えば、政治史上、重要な役割を担った可能性がある。ただしそれは、嵯峨天皇への灌頂ではなかった。嵯峨天皇退位直前は、たしかに空海活躍の開始の時期であり、天台宗も含む制度的な転換の契機を作った点で画期的であった(59)。けれども、灌頂を自ら受けた淳和天皇即位以後に比べれば、空海の本格的な密教者としての活躍や、真言宗という制度の確立には段階差があるといえよう。

（ほり　ゆたか・東北大学）

註

（1）武内孝善「泰範の生年をめぐる諸問題―承和四年四月五日付僧綱牒の信憑性―」注一三九（『弘法大師空海の研究』吉川弘文館、二〇〇六年、初出二〇〇二年）。以下、注記の無い武内氏の説の引用はここからである。なお、グレイトブッダ・シンポジウムにおいて武内氏は論題である

「空海と南都仏教—東大寺真言院を中心に—」とは異なり、東大寺真言院には触れず、用意されたレジュメも、この注の内容が再録されるに留まった。

（2）行遍撰『大師行化記』（長谷宝秀編『弘法大師伝全集』復刻第二巻、ピタカ、一九七七年、初版一九三四年）。

（3）武内氏のもうひとつの論点は、氏の論文の中心的な課題である『東宝記』第十三・僧宝上（草稿）・承和四年四月五日僧綱牒（東宝記刊行会編『国宝東宝記 紙背文書影印 草稿本（巻九—巻十三）・裏書／紙背文書・紙背具注暦・紙背玉葉写本』東京美術、一九八六年）に記された東寺二十四口僧の中の東大寺僧の僧位に比べ、東大寺灌頂院の東大寺僧の僧位が低いことを不審とする。氏の理解にはいくつか基本的な誤解がある（佐藤真海「古代東寺定額僧小考」『山形大学歴史・地理・人類学論集』第二五号、二〇二四年）上に、そもそも『東宝記』僧綱牒も後に造作された史料とみていることから、二つの偽文書を比較して、どちらかの史料が誤っているとする根拠にはならない。

（4）守山聖真編『文化史上より見たる弘法大師傳』（国書刊行会、一九七三年、原本一九三一年）、高木訷元『空海—生涯とその周辺—』（吉川弘文館、一九九七年）等。

（5）堀池春峰「弘法大師空海と東大寺」（『南都仏教史の研究 上』〈東大寺篇〉法藏館、一九八〇年、初出一九七三年）、同「弘法大師と南都仏教」（『南都仏教史の研究』下〈諸寺篇〉法藏館、一九八二年、初出一九七八年）。

（6）藤井恵介「空海と真言密教空間」（『密教建築空間論』中央公論美術出版、一九九八年、初出一九八三年）。以下、藤井氏の説の引用はここからである。

（7）山岸常人「藤井氏の反論に対する回答」（『建築史学』第三四号、二〇〇〇年）は、弘仁十三年官符から「長期にわたって修法を行う施設が「専用の建築」でなかったり「仮設の舗設」であると考えるのはあまりに不自然である。既に弘仁時点で建物が建っていたと見るのが自然」とした。そして、承和三年官符に「建築的な施設」となったことを示す文言はなく、「既に存在する「院」の人的構成や運営について定めたもの」だと論じている。以下、山岸氏の説の引用はここからである。なお一般論として、建物の有無と、修法が恒常的かどうかは、必ずしも連動する訳ではないことには注意しておきたい。

（8）武内孝善「空海の平城上皇への灌頂授法」（『空海伝の研究—後半生の軌跡と思想—』吉川弘文館、二〇一五年、初出二〇一四年）も、灌頂道場の建立が命じられた弘仁十三年官符発給の時期と、平城太上天皇等が灌頂行法を実施したとみられる時期が近接するため、短期間で灌頂道場が建つとは考えがたいとして、平城太上天皇灌頂は、東大寺真言院ではないとした。しかし、阿部龍一「平安初期天皇の政権交替と灌頂儀礼」（サムエル C モース・根本誠二編『奈良・南都仏教の伝統と革新』勉誠出版、二〇一〇年）は、弘仁十二年四月には、灌頂道場建立の準備がすすめられていたと述べる。

（9）堀池春峰「弘法大師空海と東大寺」（前掲註5）。

（10）永村眞「「院家」の創設と発展」（『中世東大寺の組織と経営』塙書房、一九八九年、一六九～一七〇頁）。

（11）吉川真司「古代寺院の食堂」（栄原永遠男・西山良平・吉川真司編『律令国家史論集』塙書房、二〇一〇年）。以下、吉川氏の説の引用はここからである。

（12）薗田香融・田村圓澄「平安仏教」（『岩波講座日本歴史4 古代4』岩波書店、一九六二年）。

（13）川崎庸之「空海の生涯と思想」（『日本仏教の展開 川崎庸之歴史著作選集2』東京大学出版会、一九八二年、初出一九七五年）。

（14）西本昌弘「平城上皇の灌頂と空海」・同「嵯峨天皇の灌頂と空海」（『空海と弘仁皇帝の時代』塙書房、二〇二〇年、初出は共に二〇〇七年）。

（15）堀裕「平安仏教—最澄・空海は何をもたらしたか」（岩城卓二ほか編『論点・日本史学』ミネルヴァ書房、二〇二二年）等。なお、仮に東寺勅給や嵯峨天皇灌頂が事実であっても、嵯峨天皇の退位に近い時期に変化があったことには変わりない。

（16）堀裕「空海—鎮護国家・国王護持の密教者」（吉川真司編『古代の人物4 平安の新京』清文堂出版、二〇一五年）、同「平安仏教—最澄・空海は何をもたらしたか」（前掲註15）。

（17）西本昌弘「平城上皇の灌頂と空海」（前掲註14）、阿部龍一「平安初期天皇の政権交替と灌頂儀礼」（前掲註8）等。

（18）平岡定海「弘法大師空海と東大寺」（『日本寺院史の研究』吉川弘文館、一九八一年、初出一九六五年）。

（19）筆者も参加する『類聚三代格』の共同研究において格関連の史料を収集しており、本格は佐藤真海氏の担当であった。そのため、氏による史料収集と校訂の成果を受けている。

(20) たとえば、武内孝善「三業度人の制」(『空海伝の研究—後半生の軌跡と思想—』前掲註8、初出一九九六年)は、最晩年の空海が申請した、年分度者に関する追加規定を受けて出された承和二年八月二十日官符について、①もっとも古い全文引用が、十二世紀に編纂された聖賢撰『高野大師御広伝』巻下(密教文化研究所編『増補三版弘法大師全集』首巻、一九六七年)や『金剛峯寺雑文』(長谷宝秀編『弘法大師伝全集』復刻第二巻、前掲註2)にまで下り、②官符類を集成した『類聚三代格』にみられないので、その取扱いには慎重を期さねばならないとしつつ、③『東宝記』巻八・僧宝下(草稿本)が引く仁和元年六月二十二日玄蕃寮牒(東宝記刊行会編『国宝東宝記 原本影印〈巻五—巻八〉』東京美術、一九八二年)に、承和二年官符が部分的に引用され、内容も概ね一致することや、④『類聚三代格』巻二・延喜七年七月四日官符に、「同(承和二年)年八月廿日更亦上表於二金剛峯寺一試レ之」とあることから後世の造作ではないと論じた。確かに承和二年官符は存在したと考えられるが、①に掲載された承和二年官符の真偽の問題は複雑である。何より「太政官符」の宛所がなく、『貞観格』の形を取っているものの、『類聚三代格』には収載されていない点は問題である。三案を想定している。㈠承和二年官符が存在していた時期に、原官符を改訂し、格の形に改変した可能性がある。㈡承和二年官符が、③や④などから復元的に構成された可能性もある。そもそも遅れて①の時期から見られるのも不審だが、①のほかに承和二年官符が収録されるのは、鎌倉期撰とされる『東寺官符集』(山本信吉編『高野山正智院経蔵史料集成一 正智院文書』吉川弘文館、二〇〇四年)や、十四世紀成立である群書類従本と同じ『弘法大師行化記』(『増補三版弘法大師全集』首巻、前掲)、『東宝記』巻八・僧宝下(前掲)がある。相対的に古い史料は、いずれも高野山関係の史料である。真言宗年分度者は、得度の場所をめぐって二転三転するものの、この承和二年官符は、空海自身が真言宗年分度者を金剛峯寺で得度することを決めた根本史料であり、高野山にとってはとくに重要な史料であったに違いない。なお、②『貞観格』編纂段階では、承和二年官符の内容を更新した仁寿三年四月十七日官符(『類聚三代格』巻二)があることから、承和二年官符が『類聚三代格』に収載されなくてもおかしくはない。㈢『貞観格』や『類聚三代格』には掲載されていたが、『類聚三代格』を写す過程で欠落した可能性である。②の点は問題が残るものの、①さまざまな史料に収載される承和二年官符が、すべて格の形をしているだけでなく、『類聚三代格』の真言宗関係史料を掲載する『東寺官符集』のなかに、例外的に『類聚三代格』にない承和二年官符が収録されている。加えて、承和二年官符と関連の深い『類聚三代格』巻二・仁寿三年四月十七日官符は、巻二で唯一の古写本である尊経閣文庫本の格の中で、他に見ない混乱がある(前田育徳会尊経閣文庫編『尊経閣文庫善本影印集成37 類聚三代格一 巻一上~巻四』八木書店、二〇〇五年)。たとえば、尊経閣文庫本の仁寿三年官符の事書は、『東寺官符集』などほかの史料が掲載する仁寿三年官符とは異なり、承和二年官符と同じものになっているほか、尊経閣文庫本の仁寿三年官符の後半には、同じ巻二の中で二つ前にある寛平七年三月六日の後半部分が竄入し、文末の日付も「仁寿三年四月十七日/寛平七年三月六日」となっている。

(21) 『類聚国史』巻一七八・仏道五・灌頂・承和三年五月丁未条、同仏道五・修法・同日条、同巻一八〇・仏道七・諸寺・同日条、『日本紀略』同日条にも掲載される。

(22) 吉田孝「類聚三代格」(『続律令国家と古代の社会』岩波書店、二〇一八年、初出一九七一年)、川尻秋生『日本古代の格と資財帳』(吉川弘文館、二〇〇三年)等。

(23) 尊経閣文庫本『類聚三代格』巻二(前田育徳会尊経閣文庫編『尊経閣文庫善本影印集成37 類聚三代格一 巻一上~巻四』前掲註20)には、鼇頭朱書で「貞治」とある。

(24) 『日本後紀』弘仁四年正月癸酉条。

(25) 杉本一樹「正倉院の繊維製品と調庸関係銘文—松嶋順正『正倉院宝物銘文集成』第三編補訂 前編」(『正倉院紀要』四〇、二〇一八年)の三七・四五・四六・追加一三のほか数点を数えるとある。グレイトブッダ・シンポジウムの当日、杉本一樹氏から直接ご教示いただいた。

(26) 平岡定海「弘法大師空海と東大寺」(前掲註18)。

(27) 松長有慶『東洋人の行動と思想3 密教の相承者—その行動と思想—』(評論社、一九七三年)等。

(28) 『代宗朝贈司空大弁正広智三蔵和上表制集』巻第一・乾元三年閏四月十四日請於興善寺置灌頂道場状一首幷墨勅(『大正新脩大蔵経』第五二巻)。

(29) 『代宗朝贈司空大弁正広智三蔵和上表制集』巻第一・広徳元年十一月十四日不空奏上等(前掲註28)。

(30) 岩崎日出男「唐代の灌頂—とくに密教宣布の手段としての灌頂儀礼について—」(森雅秀編『アジアの灌頂儀礼—その成立と伝播—』法藏館、二〇一四年)。

(31) 守山聖真『文化史上より見たる弘法大師傳』(前掲)等が指摘するように、『類聚三代格』巻二・承和二年正月二十三日官符は、空海が申請する真言宗最初の年分度者であるのに対して、『続日本後紀』承和二年正月戊辰条と同じく、一日前の正月二十二日の日付を持つ官符(『高野大師御広伝』巻下、前掲註20等)は、宛所や位署のみならず、内容も増補されており、原官符の形態をした偽文書である。

(32) 十二世紀に活躍した勝賢撰『弘法大師行化記』巻下(長谷宝秀編『弘法大師伝全集』復刻第二巻、前掲註2)。

(33) 伝藤原敦光撰『大師行化記』巻下(長谷宝秀編『弘法大師伝全集』復刻第二巻、前掲註2)や東寺観智院本『大師伝記』巻下(同上)にも掲載される。『東大寺続要録』諸院編所収の弘安四年(一二八一)四月六日太政官牒や、十四世紀の『東大寺具書』の「東大寺重訴状案」や「東大寺三重訴状案」にも引用されている(国文学研究資料館編『真福寺善本叢刊 第十巻〈第二期〉東大寺本末相論史料』臨川書店、二〇〇八年、五六〇・六六七頁)。

(34) 本史料の閲覧にあたっては、佐藤真海氏と行い、斎木涼子氏と樋笠逸人氏の協力を得た。尾題や下巻奥書は明らかに新しいものだが、佐藤氏からは上巻奥書も新しいとする川瀬一馬編著『田中教忠蔵書目録』(一九七二年)をご教示頂いた。なお検討したい。校訂諸本の略号は、観(東寺観智院本『大師伝記』巻下、前掲註33)・行(行遍撰『大師行化記』前掲註2)・勝(勝賢撰『弘法大師行化記』巻下、前掲註32)・敦(伝藤原敦光撰『大師行化記』巻下前掲註33)とする。以下、校訂結果を示す。真无(底)—真元(観)・真無(敦・行)・貞元(勝)、慧涼(底)—慧淳(観・勝)・恵淳(敦・行)、統(底・観)—縁(敦・行・勝)、肇(底・勝)—筆(観・敦・行・勝イ)、峯朗の配置が下から三人目(底)—人名一覧の最後(観・敦・行・勝)、ナシ(底・観・敦・行)—冬(勝)、師(底・敦・行・勝)—ナシ(観)ナシ(底・観・敦・行)—家(勝)、ナシ(底・観・敦・行)—位(勝)、住(観・敦・行・勝)—住を見せ消しし注を傍書(底)、令(観・敦・行・勝)—全(底)、雄(観・敦・行・勝)—碓(底)。なお、勝本の文字は、『類聚三代格』の影響を受けた可能性があり、積極的に採用していない。

(35) 平岡定海「弘法大師空海と東大寺」(前掲註18)、堀池春峰「弘法大師空海と東大寺」(前掲註5)。

(36) 元慶三年二月四日太政官牒(『大日本古文書家わけ第十八之一 東大寺文書之一 東南院文書之二』東京大学出版会。以下『東南院文書之二』等と略する)。なお、嘉祥二年(八四九)九月にけ東大寺別当とある(山城国宇治郡家地等売買寄進券文『東南院文書之二』四〇五頁)。

(37) 元慶四年四月九日太政官牒(『東南院文書之二』)。

(38) 承和五年正月二十六日僧綱牒(『東南院文書之二』)。なお、嘉祥二年九月十日「寺主安智」とある(山城国宇治郡家地等売買寄進券文、前掲註36)。

(39) 『東寺要集』(『続群書類従』第二六輯下)。佐藤真海「平安期真言宗と伝法阿闍梨」(『日本史研究』六八四、二〇一九年)を参照。

(40) 「大法師真无」は、『東宝記』巻六・法宝下・伝法会の「或記」が引く承和十三年四月の講会の記事に聴衆として「真無大徳」がいる(東宝記刊行会『国宝東宝記原本影印〈巻五—巻八〉』前掲計20)。「僧慶基」は、貞観九年の『安祥寺資財帳』において、「塵」に朱書「慶歟」と修正するが、「東大寺慶基法師畠一町施入安祥寺文一枚」とあった(京都大学文学部日本史研究室編『京都大学史料叢書17 安祥寺資財帳』思文閣出版、二〇一〇年)。「僧峯仙」は、嘉祥二年九月十日に「少寺主」とある(山城国宇治郡家地等売買寄進券文、前掲註36)。ただし、「僧峯恵」は『東宝記』巻四法宝上・東寺伝法灌頂始の「寛信法務記」に承和十年のこととして、「峯恵大徳」とある(東宝記刊行会編『国宝東宝記原本影印〈巻一—巻四〉』東京美術、一九八二年)が、七年後に「大徳」と呼ばれることは不審である。

(41) すべてを例示しないが、「抜苦与楽」は、般若訳『大方広仏華厳経』巻二五(『大正新脩大蔵経』第一〇巻)、「龍神八部」は、菩提流志訳『不空羂索神変真言経』巻第三等(同第二〇巻)等。

(42) 佐藤全敏「東大寺別当の成立」(『平安時代の天皇と官僚制』東京大学出版会、二〇〇八年、初出二〇〇三年)参照。

(43) 園城寺編『園城寺文書 第一巻 智證大師文書』(講談社、一九九八年)。

(44) 興福寺本『僧綱補任』(『大日本仏教全書』興福寺叢書一、第一書房、復刻一九七八年)は誤りも多いが、権律師の初出となる天長三年任命の「歳栄」や、承和三年任命の「延祥」等は、その後も昇進することがない。しかも、権律師延祥は、新しく補任された律師よりも上席に記載される。

(45) 承和五年正月二十六日僧綱牒（『東南院文書之二』）。なお署名は「大僧都／少僧都／少僧都／律師「慈朝」／権律師「延祥」／律師／律師「実恵」」のほか、日下に「従儀師真勇」以下「威儀師／威儀師「信證」／威儀師「寿均」」とある。

(46) 円明の僧位も、青龍寺宛の承和四年四月六日書状に「伝燈大法師円明」とあり（兼意撰『弘法大師御伝』巻下『増補三版弘法大師全集』首巻、前掲註20等、九九頁）、符合する。

(47)『続日本後紀』承和三年五月戊申条。戊申は五月十日にあたる。

(48) 平岡定海「弘法大師空海と東大寺」（前掲註18）。

(49) 堀池春峰「弘法大師空海と東大寺」（前掲註5）。なお、同「弘法大師と南都仏教」（前掲註5）では、「専当法師」も別当と理解している。

(50) 唐僧に空海の死没を伝える承和三年五月五日実恵書状に、「東大円明」とあった（兼意撰『弘法大師御伝』巻下、前掲註46、九五頁等）。実恵は、興福寺本『僧綱補任』承和三年条（前掲註44）に「東大寺」とある。

(51) 東大寺別当である場合、「別当之僧」と「僧」があるのは、俗別当と区別するためであったと考えられる。

(52) 今泉隆雄「秋田城と渤海使」（『古代国家の東北辺境支配』吉川弘文館、二〇一五年）等。

(53) 尊経閣文庫本『類聚三代格』巻二（前掲註23）。

(54) 承和三年官符発給時の東大寺別当は、円明の可能性もある。天長三年九月一日の東大寺別当は施秀であった（「双倉雑物出入帳」『大日本古文書』第二五巻附録七〇～七一頁）が、円明は、承和五年八月三日東大寺造寺所記文案（『東南院文書之二』）や承和六年六月二十一日日宇治院田券検納状（『平安遺文』第一巻六四号）では別当とある。佐藤全敏「東大寺別当の成立」（前掲註42）も参照。仮に円明が東大寺別当であった場合、東大寺別当が、実恵とともに真言院を専当していたことになる。なお、『貞観格』撰進時の東大寺別当は、真言院二十一僧の一人である真昶であった。この点は、貞観二年正月五日僧綱牒や元慶四年四月九日太政官牒（『東南院文書之二』）等。

(55)『類聚三代格』巻二・弘仁十四年十月十日官符等。

(56) 堀池春峰「弘法大師と南都仏教」（前掲註5）は、南都筆頭の東大寺に真言院ができたことを高く評価する。東大寺が大安寺に代わって再び諸大寺首位の座についたのは、弘仁十年から承和三年の間の出来事であり（堀裕「平安初期の天皇権威と国忌」『史林』第八七巻六号、二〇〇四年）、東大寺の地位回復と灌頂院の設置、平城太上天皇灌頂等も関係する可能性がある。

(57) 堀池春峰氏の説に従えば、『貞観格』編纂時までに、東大寺真言院は、東大寺別当の監督下に入るように変化したことになる。なお、前掲註(54)参照。

(58) 阿部龍一「平安初期天皇の政権交替と灌頂儀礼」（前掲註8）。

(59) 嵯峨天皇の空海への東寺勅給がのちの創作であることは良く知られている。この年月日が、弘仁十四年正月十九日（『東宝記』巻一・仏法上、東宝記刊行会編『国宝東宝記 原本影印（巻一―巻四）』前掲註40）である理由は、延暦寺の登場が弘仁十四年二月二十六日であること（佐伯有清『伝教大師伝の研究』吉川弘文館、一九九二年、五三一頁）への対抗と推測する。

初期真言寺院における造像と空海の造仏観

―東寺講堂諸像の再検討を中心に―

原　浩史

はじめに

かつての平安京の入口、羅城門の東に建てられた東寺の講堂に安置される二十一軀の木彫群像（図1）は、空海がその造像に関わった現存唯一の彫像群として知られている。中央に五仏、左に五菩薩、右に五忿怒の像が安置され、その左右に梵天と帝釈天、四隅には四天王の像が配される（図2）。このうち、五仏像のすべてと五菩薩の中尊像は、文明十八年（一四八六）の土一揆の際に焼失し、後に補われている。[1]当初像を残す十五軀についても、大きく修理の手が入っているものを含むが、[2]この堂宇にしか見られない独特な尊像構成をいまに伝えている。

この東寺講堂諸像は、従来、『続日本後紀』の記事により、承和六年（八三九）の開眼とされてきた。空海は承和二年に命終しているが、[3]発願は在世中の天長十年（八三三）とされ、その尊像構成は空海の構想によると考えられてきたのである。[4]しかし、堀裕氏によ

図1　講堂諸像　京都・東寺

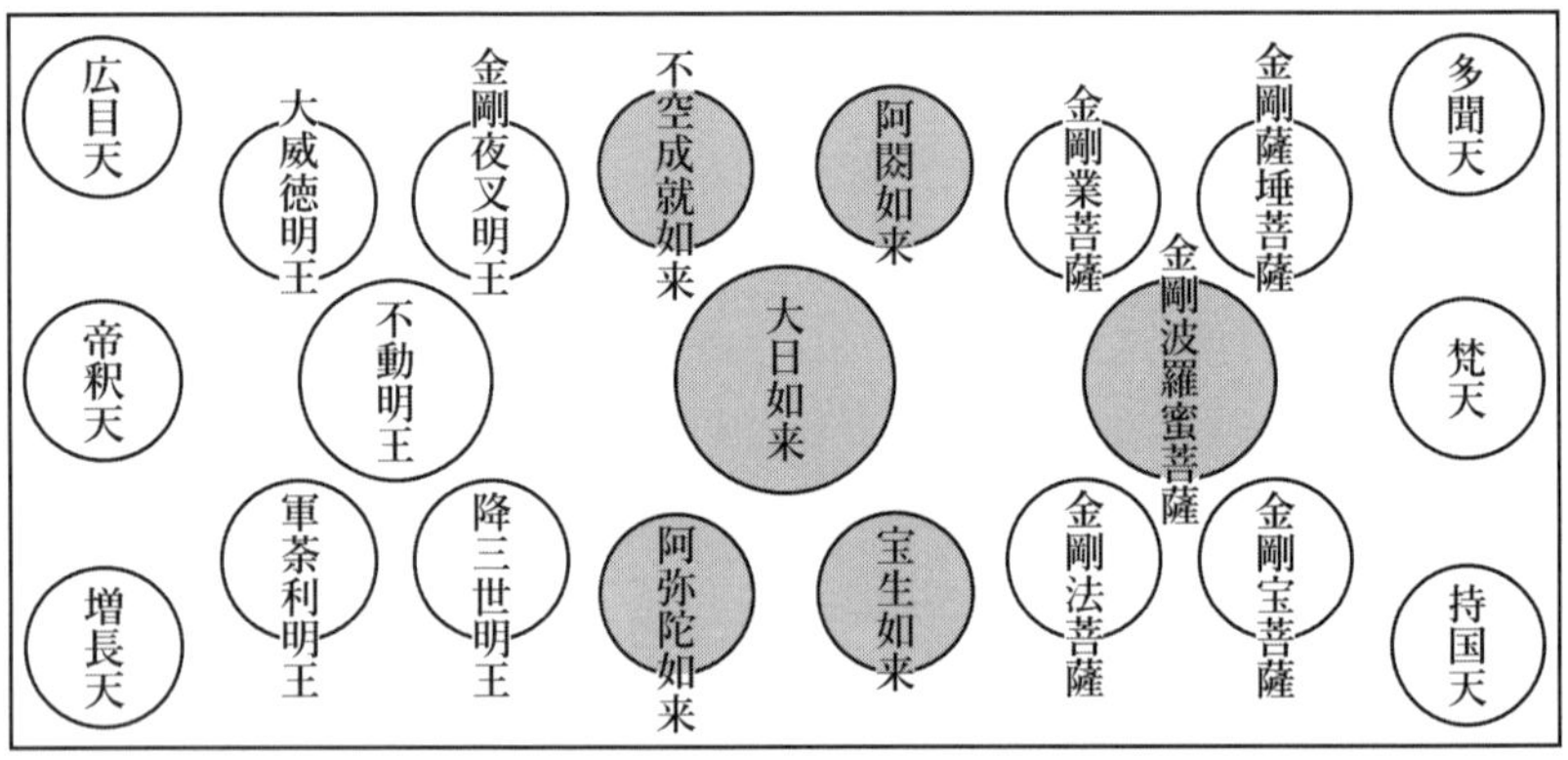

図2　東寺講堂諸像の配置（現状）※●は後補

り、開眼を承和十一年に修正する見解が示されたことで[5]、発願の年時についても再検討の必要が生じている。発願が空海没後ということになれば、当然、その構想・造像に空海が関与したとする従来の考え方にも見直しが必要となる。これは、諸像の歴史的位置付けに大きく関わる問題だが、発願の契機とされる仁明天皇の不予は、国史に残るだけでも十数回を数え、発願年時の特定は容易ではない。そこで本報告では、空海の造仏に対する考え方を総合的に検討することで、この問題について考えたい。

一　東寺講堂諸像の開眼と発願の年代

まずは、東寺講堂諸像の開眼と発願の年代について、研究史を振り返りたい。諸像の完成については、足立康氏の指摘以来[6]、『続日本後紀』巻第八・承和六年六月甲子（十五日）条の「公卿咸会二東寺一。縁二御願諸仏開眼一也[7]」という短い記事が、それを伝えるものと考えられてきた。ここに「講堂」の語はないが、この時、すでに金堂は完成していたと考えられることなどから、この御願の「諸仏」は、講堂諸像を指すと考えられてきたのである。「諸仏」の構成についても、承和十四年の「伝法会表白」（『東宝記』巻第六所収）に「昔我聖朝御体不預《（ママ）》時、金剛乗教中五仏・五大菩薩・五忿怒・梵王帝釈四王等羯摩之像、奉レ造二有誓願一也[8]」とあることから、いまと変わらないことが確認できる。問題は、この誓願を発した時期である。手がかりは「我聖朝」、すなわち仁明天皇の不予だが、『続日本後紀』を通覧すると、承和十一年以前に十回、もしくは十一回、天皇不予の記事が確認できる（表1）。

このうち、承和六年以前で、特に重篤であったと考えられる不予として、②天長十年六月と、④承和五年九月の不予が注目されてきた。

天長十年六月壬戌・癸亥・甲子・乙丑条によれば[9]、六月七日「天皇不予」。公卿は殿上に陪候し、呪験をもって称された仙樹という名の比丘らに「加二持聖躬一」させ、「翌日之瘳」を祈って七寺で「転経薫修」させている。八日には「為二聖体有一レ間」、神祇伯大中臣淵魚を遣わして賀茂大神に奉幣、天下諸国をして「寺塔破壊者及神

表1 『続日本後紀』に見える承和十一年以前の天皇不予[10]

	和暦	西暦	月・日	容態	対処
①	天長10	833	5・25	不予	
②			6・7	不予	公卿が殿上に陪候。仙樹らに加持させ、七寺で転経薫修。
			6・8		賀茂大神に奉幣。諸国の破壊した寺塔や神社を修理。修善として諸国で昼は『金剛般若経』を読ませ、夜は薬師悔過を行なわせる。
			6・9		天下に大赦。諸国の疫気を謝絶し、不祥を攘わせる。
			6・10	平復	
③	承和4	837	9・4	不予	御薬を羞め、七ヶ寺で誦経。
			9・29	平復	
④	承和5	838	9・9	不予	節会停廃。
			9・10	未復康平	七大寺で誦経。
			9・19		天下の定額寺の堂舎・仏像・経論、神祇諸社を修理。
⑤	承和6	839	4・17	不予	都下七寺で誦経。
⑥	承和7	840	正・11	不予	
⑥′			正・20	聖躬龍蟠	内宴を罷める。
⑦			10・21	不予	京下七寺で誦経。
⑧	承和8	841	10・4	不予	都下七寺・平城七大寺で誦経。
			10・5	平復	
⑨			10・27	不予	都下七寺で誦経、皇太子・親王・五位以上の者が左右陣頭に伺候。
			10・29	御病発天悩苦比大坐	柏原御稜の祟りとの卜いに従い読経。
⑩	承和9	842	11・朔	不予	

社」を修理させている。また、勅して、諸国の疫癘を攘うため、練行僧を請じて「三ケ日間、昼転二金剛般若経一、夜修二薬師悔過一」させているが、これも修善によって自身の病の平癒を願ったものと考えられる。九日にも天下に大赦、天下諸国をして「謝二彼疫気一攘二此不祥一」わしめ、十日に「聖体平復」している。

一方、承和五年九月甲子・乙丑・甲戌条によれば[11]、九月九日「天皇不予」。節会を停廃し、翌日「以二聖体未レ復二康平一」て、七大寺で誦経させている。また、十九日には、勅して「天下定額寺堂舎、幷仏像経論及神祇諸社」を修理せしめている。これが、病気平癒を祈願してのことだとすれば、この時まで「不予」が長引いていたことになる。

以上二例のうち、どちらが東寺講堂諸像造立の発願時期として相応しいだろうか。発願が承和五年九月だとすると、承和六年六月の開眼供養まで九ヶ月しかない。この当時、仏像の製作にどの程度の期間が必要であったか明確ではないものの、二十一軀の仏像群を造るには短すぎると考えられる。一方、天長十年であれば開眼まで六年ある。そこで足立氏は、発願を天長十年と推定し、以後この説が広く認められてきたのである。また、これにより、先述の通り、発願は空海の亡くなる承和二年を遡ることになり、二十一軀の尊像構成は、空海の構想によると考え得ることになった。

しかし、二〇一〇年に堀氏により、『続日本後紀』の東寺諸仏開眼の記事には誤りがあるとの指摘がなされる[12]。根拠は「講堂諸尊日供官符案」（『東宝記』巻第一所収[13]）である。これは宮内省宛ての太政官符だが、「米、十二斛五斗四升五合日別六升九勺」以下、塩や海藻、灯料油など、東寺講堂の「中胎五仏・左五菩薩・右方五忿怒」の

「三所料」、すなわち毎日の供物の一日あたりの分量と、「七月一日」から「十二月廿九日」まで、二百六ヶ日分の合計が書き上げられている。続いて「法身之界、雖レ无二段食之用一、応物之理、必致二祇供之誠一。宜毎日三供、毎夜三灯、永俾二施供一、庶令二天下安楽朝庭無事一者」との勅が引かれ、「来年料者、今年十二月以前、先計二日数一、支度言上」ともある。問題は、この官符が「承和十一年六月十六日」付で出されていることである。もし諸像の開眼が承和六年六月十五日なのであれば、この承和十一年六月十六日まで、五年間の供物はどうしていたのか。この官符が七月一日から計算している理由も不明である。そこで堀氏は、『続日本後紀』の開眼供養の記事について、実際には承和十一年六月十五日のもので、承和六年の同日に掲げたのは『続日本後紀』の誤りと推測した。承和十一年六月十五日が開眼の日だとすれば、翌十六日にこの官符が太政官から宮内省に出され、七月一日から実際に供物が供えられたことになり、この間の事情が疑問なく理解できるようになる。

わずか五年の誤りだが、これは講堂諸像にとっては重大な五年である。再び発願時期の問題に戻ると、発願の可能性が指摘される仁明天皇の不予は、天長十年と承和五年であった。完成が承和十一年なのであれば、先ほどは否定された承和五年の可能性が再び浮上することになる。むしろ天長十年では、二十一軀の仏像の造像に十一年かかったことになり、天皇御願の仏像を造るにしては、悠長に過ぎるようにも感じられる。ただ、もし発願が承和五年なら、空海の没後ということになり、その尊像構成を空海の構想と考えることは難しくなる。

これまで講堂諸像の尊像構成が空海によるものであることは、ほとんど自明の前提とされてきた。しかし、堀説には説得力があり、諸像の開眼が承和十一年であることは動かせないと考えられる。諸像の構想は、空海ではなく、空海没後の東寺を率いた実恵による可能性も考えるべきである。[14] 発願の時期がいつであったか、空海の関与はあったのか、平安時代彫刻史の重要な問題として、十分に検討する必要がある。

二　初期真言寺院での造像――神護寺と金剛峯寺

この問題を考えるため、本報告では空海が携わった他の造仏事例を検討したい。空海がその造営・造仏に関わった寺院としては、神護寺、乙訓寺、金剛峯寺、東大寺、東寺が挙げられるが、このうち、長期にわたり、空海が主導的立場で関わったのは、真言密教専修の寺院となった神護寺・金剛峯寺・東寺の造営である。本章では、この神護寺と金剛峯寺について考えたい。

(一)　神護寺

唐から帰朝した空海は、大同四年（八〇九）になって入京を許され、[15] はじめは、和気氏が創建した高雄山寺を拠点にした。弘仁元年（八一〇）十月、上表して高雄山寺で国家の奉為に『仁王経』・『守護国界主経』・『仏母明王経』等を修することを請い、[16] 弘仁三年十一月には、高雄山寺において金剛界灌頂を最澄や和気真綱に、十二月には胎蔵灌頂を最澄ら百九十四人に授けている。[17] 天長元年、高雄山寺は、神願寺に替えて定額寺となり、「神護国祚真言寺」、すなわち神護寺と改称されるが、[18] この頃、空海の拠点は東寺に移ったと考えられる。

平安時代の神護寺にはどのような仏像があったのか。それが分かる貴重な史料が、神護寺別当の交替にともなって作成され、勘解由使が勘判して承平元年（九三一）十一月に奏上された『承平実録帳』である。[19]ただし、全文がまとまった形では残らず、正和四年（一三一五）頃の成立と考えられる『神護寺略記』に引用された逸文や、応永七年（一四〇〇）に盛淳という僧が勘出したものによってその内容を知ることができる。[20]まずは、盛淳勘出本の一部を引用する。[21]

一、堂院、
　三間檜皮葺根本堂一宇、四面庇、戸六具、
　五間檜皮葺礼堂一宇、
　堂内物
　　金色十一面観音像、長五尺三寸、
　　檀像薬師仏像一軀、長二尺六寸、
　　檀像阿弥陀仏一軀、長二尺七寸、
　　八幡大菩薩像一鋪、
　　　御座床、二前、前机、二前、
　　白木礼盤、二基、
　六間檜皮葺根本真言堂一宇、在二面庇、戸二具、
　三間檜皮葺五仏堂一宇、四面庇、戸六具、
　　金色金剛界等身五仏、
　五間檜皮葺五大堂一宇、戸七具、在額、
　　不動尊、居長三尺四寸、降三世、立長五尺三寸、
　　軍荼利、立長五尺三寸、六足尊、居長三尺五寸、
　　金剛夜叉、立長五尺三寸
　　　私此堂五十三代淳和天皇御願、
一、宝塔院、
　一重檜皮葺毘盧遮那宝塔、一基、
　五大虚空蔵菩薩彩色木像五軀、中台三尺、四方各二尺五寸、
　私云、東西檜皮葺廊二宇、西五間檜皮葺護摩堂一宇、
　　東五間僧坊、南三間中門一宇、在額、各檜皮葺、
一、
　檜皮葺法華堂一宇、在額、
　　一重小塔一基、安胎蔵白檀九仏、

根本堂には、十一面観音・薬師仏・阿弥陀仏の彫像、八幡大菩薩の画像が安置され、五仏堂に等身の金剛界五仏像、五大堂に五大明王像が安置されていたことが分かる。また、宝塔院の毘盧遮那宝塔に五大虚空蔵菩薩像が、法華堂には「胎蔵白檀九仏」を納めた小塔が安置されていた。

続いて『神護寺略記』の関係箇所を抜粋する。[22]

一、堂院事、
　金堂
　　三間檜皮葺堂一宇、在四面庇、戸四具、
　　五間檜皮葺礼堂一宇、南面蔀五具、東西各真戸三具、
　　右承平実録帳云、三間檜皮葺根本堂一宇、四面庇、戸六具、
　　在五間檜皮葺礼堂一宇、戸五具之中南面三具蔀、東西脇戸具戸（真カ）云々、今金堂、
奉安置

檀像薬師仏像一軀、長五尺五寸、
同脇士菩薩像二軀、各四尺七寸、
已上、三尊奉安置錦帳内、此錦者為　後白河院御願被
懸之、
右、弘仁資財帳云、薬師仏像一軀、脇士菩薩像二軀、
承平実録帳云、檀像薬師仏像一軀、長五尺五寸、
同脇士菩薩像二軀、各長四尺五寸云々、
八幡大菩薩像一鋪、奉安置堂内艮角帳、大師御筆、但二重内奉懸之、上ハ新本、
右、承平実録帳云、八幡大菩薩像一鋪云々、
（中略）
一、五大堂
三間檜皮葺堂一宇、在四面庇、南面在又庇、為外陣、戸八具、
右、承平実録張（帳、下同）云、五間檜皮葺五大堂一宇、在戸七具、在額、右堂
天長　天皇御願、因之亭子親〔王〕命和気有翊、以去寛平三年
令修葺亦了者云々、
奉安置
彩色五大尊像各一軀、
右、承平実録張云、五大忿怒彩色木像五軀、在各木光銅
火炎石形座、各着鉄耳金四枚、不動尊居長三尺四寸、降三世立長五
尺三寸、但大后在指四析（折カ）頭也、軍荼利立長五尺三寸、六
足尊居長三尺五寸、金剛夜叉立長五尺三寸、天長皇帝御
願云々、
一、宝塔院承平実録張云、
一重檜皮葺毗盧遮那宝塔一基、
五大虚空蔵幷彩色木像五軀中台三尺、四方各二尺五寸、
（中略）
一、灌頂院供僧六口、
六間檜皮葺堂一宇、在二面庇、戸四具、南面在又庇、為三昧耶戒道場、正面蔀六具、東西脇真戸各一具、
右、承平実録帳云、六間檜皮葺根本真言堂一宇、在二面庇、戸七具、在額云々、
日本記云、空海僧都新建灌頂堂云々、
奉安置
胎蔵界曼荼羅金泥云々、一鋪、
金剛界曼荼羅同一鋪、
右、承平実録帳云、胎蔵界曼荼羅一鋪、八副、金銀泥絵、赤紫
綾、裏八葉形錦、縁同、紐幷軸、桶尻等、金剛界曼荼羅一鋪、七副、
装束同上、天長　皇帝御願云々、

ここから根本堂の安置仏として、さらに檀像薬師仏像と脇士菩薩像があったことが知られる。この薬師仏像は現存し、平安時代初期を代表する国宝の木彫像として著名である。二軀の脇侍像も、頭部を含め上半部の多くを後補とするものの現存する。[23]五大堂の項には「天長皇帝」、すなわち淳和天皇御願の「五大忿怒彩色木像五軀」が見えるが、これは先の盛淳勘出本に登場した五大明王像と同じものである。宝塔院の五大虚空蔵菩薩像も盛淳勘出本にあったもので、現在も多宝塔に安置されている。一方、根本真言堂にあった、赤紫綾に金銀泥で描かれた大幅の両部曼荼羅のことは、この逸文によって知られる。これも淳和天皇の御願である。周知のように、空海在世中に描かれたと考えられる現存唯一の現図系曼荼羅で「高雄曼荼羅」と通称されている。以上、『承平実録帳』に記載のある神護寺各堂宇の安置仏は、表2のようにまとめられる。[24]

天長元年の和気真綱らの上表文によれば、神護寺は、定額寺であった神願寺が「壇場」に適さなくなったため、高雄寺をこれに替えて定額寺とし、「神護国祚真言寺」と改称した寺院である。[25]「根本堂」の薬師三尊像は、この神願寺の資財帳と見られる「弘仁資財帳」にも載るため、神願寺からもたらされたものと考えられている。[26]逆に、金色十一面観音・檀像薬師・同阿弥陀の三像は、天長元年以前から高雄山寺にあったものと見られる。[27]一方、毘盧遮那宝塔の五大虚空蔵菩薩像は、空海没後、真済による建立であることが知られる。[28]法華堂の建立年代は未詳だが、藤井恵介氏は一重小塔の建立を空海入寺以前、最澄によるものと推測している。[29]

　そのため、空海がその造像に関与したと考えられるのは、五仏堂の金剛界五仏像、根本真言堂の高雄曼荼羅、五大堂の五忿怒像である。このうち、高雄曼荼羅と五忿怒像は、淳和天皇の御願なので、定額寺となった天長元年以降、在位中とすれば、天長十年までの造像と推測される。

表2　『承平実録帳』記載の神護寺各堂宇の安置仏

堂宇	彫像	画像
根本堂	金色十一面観音像 檀像薬師仏像・阿弥陀仏 ★檀像薬師仏像・脇士菩薩像	八幡大菩薩像
根本真言堂		★金銀泥絵胎蔵界曼荼羅・金剛界曼荼羅
五仏堂	金色金剛界等身五仏	
五大堂	五大忿怒彩色木像	
毘盧舎那宝塔	★五大虚空蔵菩薩彩色木像	
法華堂	一重小塔（胎蔵白檀九仏安置）	

※現存するものに★を付した。

　五仏像は発願者に関する記載がないが、上表文で「仏像一依㆓大悲胎蔵及金剛界等㆒」と記しながら、この時点で和気真綱らが曼荼羅にもとづく造像を何らしていなかったとは考えにくいこと、両部曼荼羅に依って造像するなら、まず五仏像が造られるのが自然であることから、和気氏の発願と考えられる。その時期は天長元年以前、空海が高雄山寺に住していた弘仁年間（八一〇～八二四）だろう。空海が関与して造立された最初の密教彫像である可能性がある。[30]

　注意したいのは、仏像はすべて両部曼荼羅に依るといいながら、根本堂の安置仏は密教尊ではないことである。空海は根本堂には手をつけず、新たに造像した密教尊を、新たな堂宇を個別に建立して安置したということになる。五仏堂が建った段階で、根本真言堂と五大堂の計画があったかも疑わしく、何らかの全体計画にもとづいて順に堂宇を建立していったのではないと考えられる。尊像等の選択には空海が関与しつつ、その時々で檀越の意向を汲んで造像が行なわれたのではないだろうか。講堂諸像を含む東寺における造像が、神護寺など他の真言寺院の規範になったとの指摘があるが、[31]逆に、神護寺で個々に造られた五仏像と五忿怒像が、東寺では一つの堂内に集約されたと見るべきだろう。

(二)　金剛峯寺

　弘仁七年六月、空海は高野山を修禅の道場として乞い、[32]七月には勅許を得る。[33]その堂塔についてまとまって記す最古の史料は、康保五年（九六八）六月十四日の奥書のある『金剛峯寺建立修行縁起』

である。そこには、

今記云、多宝塔一基。高十六丈。一緍（層）之勢寔勝数重塔。奉安置一丈八尺六寸大日・一丈四尺四仏。胎蔵皆金色也。三間四面講堂一宇。柱長一丈六尺。奉安置一丈六尺阿閦如来・八尺五寸四菩薩。皆金色也。七尺二寸不動・降三世幷七体。廿一間僧房一宇。已上大師御在世。

とあり、(34)多宝塔、講堂、僧房が空海在世中に完成していたように記されるが、少なくとも多宝塔（大塔）の完成は、空海没後に下ると考えられている。(35)

一方、「紀伊国伊都郡高野寺鐘知識文」（『性霊集』巻第九所収）に「今金剛峯寺、堂舎幽寂尊容満堂」(36)とあることや、承和二年二月に金剛峯寺が定額寺になっていることから、(37)津田徹英氏は、空海在世中に講堂が建ち、その堂内に仏像が安置されていたことは疑えないと指摘している。(38)問題は当初どのような仏像が安置されたかである。

金剛峯寺の講堂は、十二世紀以降、金堂と呼ばれるようになるが、(39)この金堂に安置されていた七尊の仏像は、昭和元年（一九二六）、堂宇とともに焼失した。中尊は厳重な秘仏であったために写真も残されていないが、その他の六尊、金剛薩埵菩薩・金剛王菩薩・不動明王・降三世明王・普賢延命菩薩・虚空蔵菩薩の各像については写真が残り（図3・4・5・6・7・8）、尺貫法によって法量も記録されている。その尊像構成は、『金剛峯寺建立修行縁起』が記す四菩薩・不動・降三世という構成と一応一致している。それでは、これらの像は創建以来の安置仏なのか。

久安五年（一一四九）に記された『金剛峯寺焼失修復注進状草』には次のようにある。(40)

正暦五年甲午七月六日、大塔幷講堂但今人多称金堂。廿一間僧房為雷火焼失。但御影堂残留之。

長徳四年、講堂被造始之。紀伊国司景理奉行。

（中略）

久安五年己巳五月十二日癸巳申剋、雷火落懸大塔。地盤側巽角也。忽焼失畢。但於中尊御顔幷脇士三軀仏具等、奉取出畢。金堂幷灌頂堂同以焼失、於仏像但金堂仏者大師御在世像。仏具等者、満山同心奉取出畢。

すなわち、金剛峯寺の大塔・講堂・僧房は、正暦五年（九九四）に雷によって焼失した。その後、長徳四年（九九八）に講堂の再建は始まったようだが、久安五年、再び焼失している。この時、仏像は無事だったようで「仏像仏具等は、満山同心して取り出し奉り畢んぬ」とある。また、「金堂の仏は大師御在世の像なり」との記述を信じれば、正暦の火災でも像は焼けなかったということになる。(41)ただ、金剛薩埵・金剛王の二像と、他の四像では法量が大きく異なること、金剛薩埵・金剛王は宝冠を本体と別に造るのに対して、普賢延命・虚空蔵は筒型の宝冠を本体と共木で造ることなどから、通説では、中尊及び金剛薩埵・金剛王が空海在世時に遡るもので、他の四像は正暦の火災後に造立されたものと考えられている。(42)

しかし、金剛薩埵・金剛王の製作年代が、本当に九世紀初頭まで遡るのかは、あらためて検討する必要がある。岩佐光晴氏は、この二像について、東寺講堂五菩薩像や観心寺如意輪観音菩薩像、神護

図３　金剛薩埵菩薩坐像　和歌山・金剛峯寺旧金堂（焼失）

図４　金剛王菩薩坐像　和歌山・金剛峯寺旧金堂（焼失）

図５　不動明王坐像　和歌山・金剛峯寺旧金堂（焼失）

図６　降三世明王立像　和歌山・金剛峯寺旧金堂（焼失）

図７　普賢延命菩薩坐像　和歌山・金剛峯寺旧金堂（焼失）

図８　虚空蔵菩薩坐像　和歌山・金剛峯寺旧金堂（焼失）

寺五大虚空蔵菩薩像とは作風が異なり、鼻梁が太く、唇を厚くあらわした顔立ちは、観心寺聖観音菩薩立像（図９）と近いことを指摘している。[43] 観心寺像は、元慶七年（八八三）成立の『観心寺勘録縁起資財帳』に載らないことや繧繝の輪郭を白線で括る彩色、徹底した一木造の構造、体軀の十分な量感、翻波を交える衣文表現などから、九世紀末もしくは十世紀初めの製作と推定されている。[44] 岩佐氏は、宝冠を別に作る金剛薩埵・金剛王の二像について、本体と共木で造る観心寺像よりは「古い可能性はあるが、その場合でもそう大きく遡るとはいえない」とする。製作年代として九世紀後半あたりを想定しているのだろう。

一方、金剛薩埵・金剛王以外の四像が再興像であることを説得的に論じたのは、水野敬三郎氏である。[45] 水野氏が注目したのは、金剛峯寺の虚空蔵と、京都・禅定寺の日光・月光菩薩立像との作風の近似であった。禅定寺は、東大寺別当も務めた平崇が正暦二年から長徳元年にかけて造営した寺院で、同寺に残る史料から、八尺の観音像を中心に、七尺の文殊・虚空蔵菩薩像が脇侍として安置されたことが知られる。[46] その八尺の観音像に当たると考えられるのが、現存する十一面観音菩薩立

図11　月光菩薩立像　京都・禅定寺

図10　虚空蔵菩薩坐像　和歌山・金剛峯寺旧金堂（焼失）

図９　聖観音菩薩立像　大阪・観心寺

像である。また、この観音像とあわせて同寺には、日光・月光菩薩立像が残る。かつては他寺からの移入像と考えられていたが、[47]作風・構造の近似から十一面観音像と同じ十世紀末頃に製作されたものと見られ、史料にある文殊・虚空蔵像に当たる可能性も指摘されている。[48]水野氏は、金剛峯寺の虚空蔵（図10）と禅定寺の日光・月光菩薩像（図11）との共通点として、顔の輪郭、目鼻の彫り、鼻の太さ、耳、条帛の形式・彫法、臂釧・腕釧の単純な形式を挙げてい

図13　十一面観音菩薩立像　京都・禅定寺

図12　金剛薩埵菩薩坐像　和歌山・金剛峯寺旧金堂（焼失）

る。その他、地髪の疎ら彫りや天冠台の形式も共通である。

さらに水野氏は、金剛薩埵・金剛王の二像について、他の四像とは「やや手の違う感を与える」としつつも、条帛の処理法や髻の形式が禅定寺の諸像と同じであることを指摘している。月光菩薩像と比較すると、地髪部・髻とも金剛薩埵（図12）の方がやや丈が低いのが目立つ程度で、太い鼻梁、見開きが小さくややつり上がる眼など面貌はよく似ている。こうした金剛薩埵の面貌の特徴は、禅定寺の十一面観音像（図13）とも共通し、面長に比して面幅が広く頰が張らない輪郭はより近似すると言える。上膊は禅定寺像の方がやや華奢に見えるが、臂釧の形式は共通する。

そもそも金剛薩埵・金剛王の二像と、普賢延命・虚空蔵の二像は、法量や、宝冠を共木とするかどうかなど相違点もあるが、共通点も多い。この類似を水野氏は、正暦の火災後、再興時に「古像の忠実な模倣が行なわれた」ものと解釈しているが、むしろ年代がそれほど離れていない可能性を考えるべきではないか。禅定寺の日光・月光菩薩像のように、宝冠を別に造る十世紀末の作例があることもふまえるなら、金剛薩埵・金剛王の製作年代は、岩佐氏の推定よりももう少し下った十世紀の可能性が十分ある。[49]

金剛薩埵・金剛王の二像についてはもう一つ疑問がある。堂宇焼失の際、中央の三像のみが救出され、周囲の四像は焼失してしまったとされる点である。群像の場合、通例、周囲の像を除かなければ、中尊を動かせないため、周囲の像の方が残りやすいはずだからである。周知の通り、興福寺西金堂や東寺講堂では、中尊から遠い尊像ほど現存している。中央の像が残っているなら、周囲の像も残っているはずで、逆に周囲の像が焼けてしまったなら、中央の像も焼けてしまったと考えるべきではないだろうか。金剛薩埵と金剛王の製作年代が十世紀に下るとすれば、空海在世中に造立された何らかの尊像がすでに安置されていた講堂に、後から加えて安置されたということになる。その際、須弥壇の周縁部に安置され、正暦の火災ではこの二像のみ無事救出されたのかも知れない。

そこで、あらためて確認したいのは、この堂宇の名称である。先に引用した『金剛峯寺焼失修復注進状草』によれば、久安五年の時点で「今の人、多く金堂と称す」とあるが、創建時には講堂と呼ばれており、それがこの時点ではまだ伝えられていた。金剛峯寺の創建伽藍には、講堂がある一方、金堂はなかったのである。

仏教寺院の講堂の機能については、仁和四年（八八八）円珍撰述の『仏説観普賢菩薩行法経記』に興味深い記述がある。[50]円珍は『観普賢経』冒頭近くに出る「重閣講堂」の「講堂」に注釈を施して、唐国の講堂には「不㆑置㆓仏像㆒」と述べ、「本国往年於㆓講堂㆒不㆑置㆑像。或不㆑竪㆑戸。此似㆓唐様㆒。今愛㆑安㆑仏乖㆓旧跡㆒也」、すなわち、日本でも往年は講堂に像を置かず、唐様のようであったが、今は仏像を安置するのを愛するが故に、先例に背いているという。実際、かつて検討を加えたように、奈良時代の薬師寺や石山寺の講堂に彫像は安置されず、創建当初の唐招提寺講堂にも置かれなかった可能性が高い。[51]

空海は円珍と同様、中国の寺院における講堂のあり様を知っていたはずである。とすれば、もともと空海は講堂への仏像安置を想定していなかった可能性がある。東寺講堂諸像の完成が空海没後に下ることもふまえるなら、その可能性は高いと言うべきだろう。にもかかわらず仏像が置かれたのは、空海ではなく、金剛峯寺の造営に協力した檀越の意向だったのではないだろうか。弘仁七年に空海が紀伊国在住の有力者に送った書状が『高野雑筆集』に残されている[52]。円高野山開創にあたって、当地の有力者に援助を求めたのである。円珍の言うように、仏像の造立・安置が日本では好まれた。寺院を造って像を造らないということは、彼らには考えにくかったはずである。

想像をたくましくすれば、檀越が求めたのは、当時もっとも一般的であった薬師如来像、もしくは薬師三尊像で、それが後に阿閦如来に読み替えられたのかも知れない。密教的な図像、すなわち阿閦の姿を借りて造られた可能性もある。昭和の焼失像の構成が当初像に忠実だったとすると、薬師・普賢・虚空蔵の三尊であった可能性も考えられる。後に、金剛薩埵と金剛王が造り加えられたのは、阿閦としての性格を明確にするためだったのかも知れない。いずれにせよ、焼失した七尊の尊像構成に、空海の意図を読もうとするのは適切ではない。むしろ高野山に仏像安置のための堂宇、金堂が造られなかった理由を考える必要がある。

三　空海の造仏観

あらためて、空海の造仏に対する考え方について検討してみたい。そもそも仏像を造ることは、成仏を目指して行なわれる作善行である。奈良・法隆寺金堂の釈迦三尊像を造立した人々は、六道に生きるすべての有情とともに、遙か未来に悟りに至ることを願っていたことが光背銘から読み取れる[53]。これは、三密による即身成仏を説く密教では、必要のないことのようにも思える。

一方、空海が高野山に造ろうと計画していた堂塔としては、承和元年八月二十三日付の「勧進奉レ造二仏塔一知識書」（『性霊集』巻第八所収）に記される「毗盧遮那法界体性塔二基」[54]が知られる。あわせて記され、建立が望まれた「胎蔵・金剛界両部曼荼羅」については、二基の塔に安置される彫像の五仏と解釈されることもあるが、画像の曼荼羅と見るのが自然だろう[55]。いずれにせよ、注目すべきは、塔と曼荼羅を造る目的である。それは、同書によれば、「為下抜二済四恩一具中足二利上」、すなわち利他、他者救済のためである。法隆寺金堂釈迦三尊像にも見られたように、造仏は自らが悟りに至るためだけではなく、他者救済をも目的として行なわれる。同書には「福徳以下建二仏塔一造中仏像上為レ要」ともあり、空海においても、利他のために、福徳門の要である「仏塔を建て仏像を造る」ことは、当然行なうべきことだったのである。

そもそも空海による造形物の重視は、たびたび指摘されるところである。『御請来目録』の「密蔵深玄翰墨難レ載。更仮二図画一開二示不レ悟一」[56]との記述がよく引かれる。ただ、『御請来目録』に「仏像等」として並ぶのは「大毗盧遮那大悲胎蔵大曼荼羅一鋪」以下、両部曼荼羅と祖師の影、すなわち画像のみである[57]。空海が「造仏像」が福徳の要だと言う時、その「仏像」はもっぱら画像を意図し、彫像を含んでいない可能性がある。

『類聚三代格』巻第二所収の承和三年五月九日太政官符によれば、弘仁十三年二月、空海は東大寺において、国家のために灌頂道場を建て、夏中及び三長斎月に息災増益の法を修して国家を鎮護せよと命じられた[58]。東大寺真言院の開創である。恒久的な建物がいつ完成したのかには議論があるが、先に堀氏が論じられたように[59]、承和三

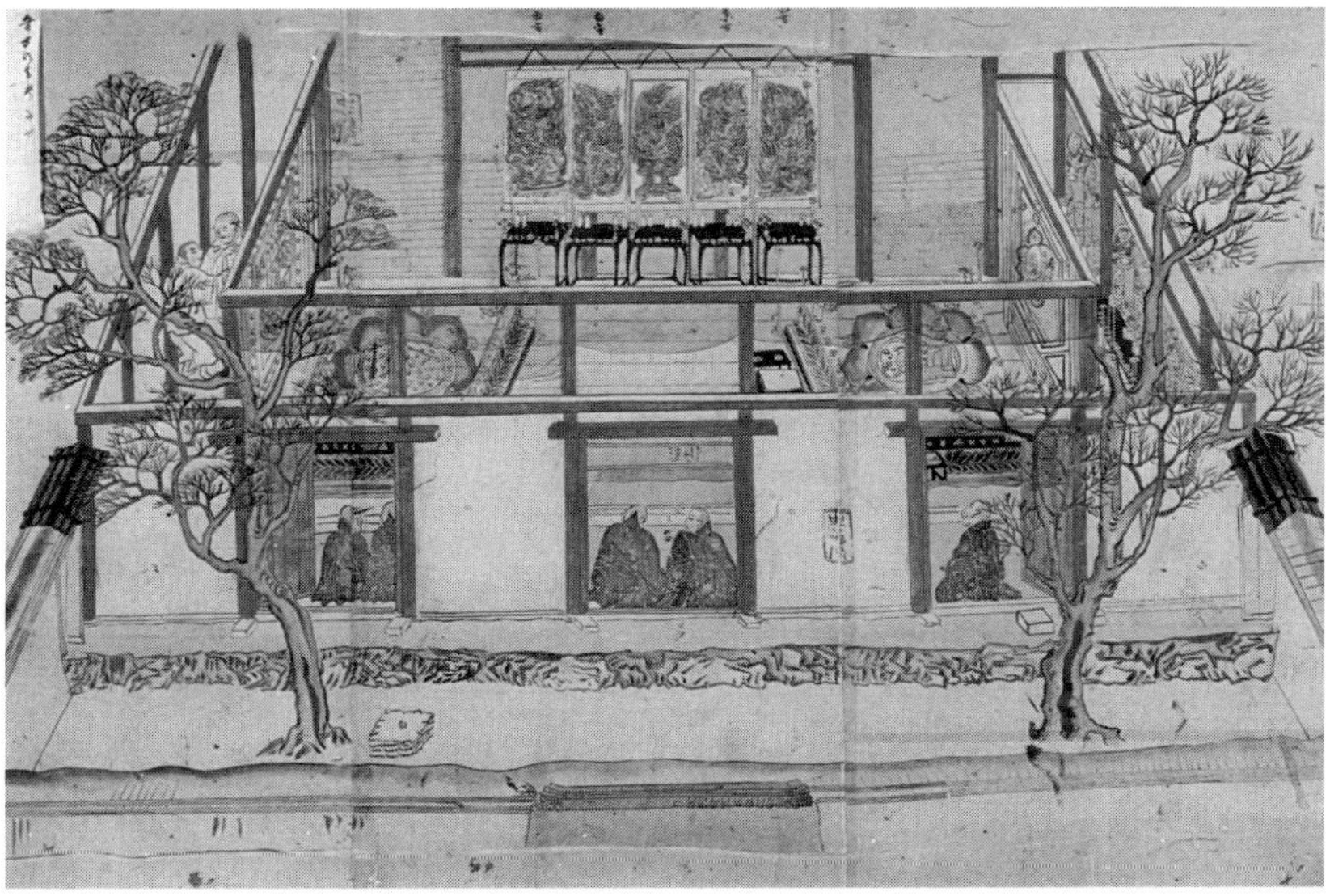

図14　年中行事絵巻（住吉本）巻第六・真言院御修法部分

年までは下らないと考えられる。いずれにせよ、ここで注目したいのは、その堂内が、彫像の安置されない空間であったと考えられることである。

灌頂・修法のため、両部曼荼羅を安置する建築については、藤井氏がまとめて論じているが、東大寺真言院については規模も不明で、堂内の様子は明らかではない[60]。ただ、同じく灌頂と修法のために建立されたと考えられる神護寺根本真言堂や宮中真言院から類推できる。すなわち、東西向かい合わせに両部の曼荼羅を懸け、彫像は安置されない空間である。十二世紀後半に原本が成立した年中行事絵巻の後七日御修法の場面には、宮中真言院が描かれている（図14）。両部曼荼羅の他、正面に五大尊、向かって右に十二天の画像が懸け並べられている。東大寺真言院は、南都に築かれた真言宗の拠点とも見なされる堂宇だが、宮中真言院同様、彫像が安置された形跡はない。これは、空海の画像重視を端的に示す事実である。

続いて『性霊集』巻第六・第七・第八の願文等に登場する仏像・画像を確認したい（表3）。空海の関わり方はそれぞれであったと考えられるが、全体の傾向はつかむことができる。

すなわち、④大楽不空十七尊の曼荼羅、⑤大日微細会の曼荼羅等、画像を描く例のある一方、密教尊の彫像を造った事例は知られない。そもそも彫像の例は少ないが、その少ない事例も、①薬師三尊、②釈迦三尊など、密教以前から信仰される尊格ばかりである。

例えば、弘仁十年のことと推測されている[61]、②嵯峨天皇が故中務卿伊予親王のために行なった追善の仏事では「敬造二刻檀釈迦牟尼仏像一軀・観世音菩薩像一軀・虚空蔵菩薩像一軀一、並金銀泥画二四大忿怒王像四軀・四摂八供養・八大天王像等一[62]」という。釈迦三尊は嵯峨天皇による選択かも知れないが、四大忿怒王以下の造像など空海が関わっていたのは間違いない。そうした仏事で、密教尊のみ画像で造らせていることは注目される。

以上、神護寺、金剛峯寺、東大寺真言院、『性霊集』に見られる造像の検討結果からは、空海は画像を重視する一方、密教尊を彫像として造立することには積極的ではなかったと結論づけられる。

表3 『性霊集』巻第六～巻第八に見られる影像・画像の造像例[63]

	巻	通	年	願主	影像	画像
①	六	46	天長4	淳和天皇	薬師如来・日月遍照両大士の羯磨身	
②		49	—	嵯峨天皇	釈迦牟尼・観世音・虚空蔵の檀像	四大忿怒王・四摂八供養・八大天王像等を金銀泥で画く
③	七	54	弘仁12	空海		大悲胎蔵大曼荼羅一鋪八幅、金剛界大曼荼羅一鋪九幅、五大虚空蔵・五忿怒尊・金剛薩埵・仏母明王各四幅一丈、十大護天王・藥魯拏天像・龍猛菩薩・龍智菩薩真影等、都合二十六鋪
④		55	弘仁12	空海		大楽不空十七尊の曼荼羅一鋪三幅
⑤		56	天長元	笠仲守		大日微細会の曼荼羅一鋪九幅七十三尊
⑥		61	—	荒城大夫		十方の仏・菩薩・神王等の像六十軀を宝幡に図す
⑦		64	—	菅野真道	阿弥陀仏像一軀、観世音・得大勢菩薩像一軀を造る【?】	
⑧		65	大同2	田少弐		千手千眼大悲菩薩・四摂八供養等十三尊を図絵す
⑨	八	66	天長4	笠仲守		大日の一印曼荼羅一鋪五幅
⑩		69	—	林学生		阿弥陀仏像一軀を図す
⑪		75	—	孝子		両部曼荼羅を作る
⑫		77	—	—		五十五の大曼荼の如来を造る【?】

※影像か画像かが不明確なものは、いずれか推定される方に配した上で【?】を付した。

おわりに──東寺講堂諸像と実恵

東寺講堂が建物としていつ完成したかは不明だが、西寺講堂の御願の新造仏が天長九年七月に供養されているので[64]、遅くともその頃にはできていたと考えられる。すなわち、空海の在世中に完成していたはずである。ただ、ここまでの考察をふまえるなら、そこに何らかの影像が安置されるべきだと、空海は考えていなかった可能性が高い。

「空海独自の構想」という前提を離れると、東寺講堂諸像に残されたいくつかの問題について、新たな見方が可能になる。まずは図像選択の問題である。諸像の図像は、真言宗で最も重視される現図曼荼羅と一致しないことが以前から指摘されている[65]。当初像が現存する五菩薩像の手勢は、現図の金剛界九会曼荼羅の図像と微妙な相違を見せる。かつて論じたように[66]、例えば、金剛法菩薩の右手は、東寺講堂像では施無畏印とするが（図15）、現図では左手に持った未敷蓮華に添えて開く仕草にあらわす（図16）。一方、東寺講堂像と一致する図像は、現図ではなく、別系統の金剛界曼荼羅である金剛界八十一尊曼荼羅に確認できる。東京・根津美術館所蔵の金剛界八十一尊曼荼羅中の金剛法菩薩は左手に蓮華を執り、右手は講堂像と同じ施無畏印を結んでいる（図17）。

中尊の大日如来坐像（図18）も同様である。当初像は文明十八年の土一揆で焼失し、現存するのは明応六年（一四九七）に康珍によって再興されたものだが[67]、焼失前の姿が『東宝記』に「蓮花座ノ八方ニ安二八師子ヲ一」[68]と記録され、当初像の台座には、再興像にはない獅子

図15　金剛法菩薩坐像　京都・東寺講堂

図16　金剛法菩薩　仁和寺版金剛界九会大曼荼羅（四印会）

図17　金剛界八十一尊曼荼羅（金剛法菩薩部分）東京・根津美術館

があらわされていたと考えられている。[69] この鳥獣座も現図にはないが、根津の八十一尊曼荼羅には描かれ、大日如来の蓮花座の下には七匹の獅子の姿が確認できる（図19）。

金剛界八十一尊曼荼羅は、しばしば天台系と説明されるが、空海も請来していることが、『御請来目録』に「金剛界八十一尊大曼荼羅一鋪三幅[70]」の記載があることで知られる。この空海請来の八十一尊曼荼羅が、東寺講堂の五仏・五菩薩像の図像的典拠になったもの

図18　大日如来坐像　京都・東寺講堂

図19　金剛界八十一尊曼荼羅（大日如来部分）東京・根津美術館

と考えられるが、なぜ現図の図像が採用されなかったのかは明らかでない。また、その後、真言宗では講堂諸像の図像がほとんど流布しなかった理由も不明である。ただ、図像選択者が空海ではなく、実恵だったとすれば、特に後者については説明がつくかも知れない。

図像に加えて、もう一つ再検討したいのは、仁明天皇の「御願」である。先にも述べた通り、古代の造仏は、他者救済を要とする大乗仏教の作善なのであり、通常自らのためには行なわない。他者のために像を造ることで自らの願いも叶える、というかたちをとるはずである。「伝法会表白」に見える「誓願」は、単に自身の病気平癒祈願を意味するのではなく、「菩薩の誓願」と考えるべきだろう。

では仁明が他者のために願ったことは何か。「講堂諸尊日供官符案」にもとづけば、仁明の誓願は、諸像の造立によって「天下安楽・朝庭無事」、すなわち鎮護国家を実現することであったと考えられる。その造仏の功徳によって、仁明自身の病気平癒も期待されたのである。すると発願の契機としては、病状だけではなく、政変や災害など仁明を取り巻く政治的・社会的状況も手がかりになる可能性がある。承和五年九月だけではなく、他の可能性も含めて今後検討する必要がある。[71]

最後に、東寺講堂諸像の造立が、実恵が発案・主導したものであったとすると、実恵は彫像の造立に関して、空海とはやや異なる、積極的な考えを持っていたということになる。それは何に起因するのか。

注目したいのは、『高野雑筆集』に載る藤原冬嗣宛の書状に「東大杲隣・実恵」[72]とあることから、実恵の本寺が東大寺だと知られることである。[73]実恵は受具の前後、数年を東大寺で過ごしたと考えられる。周知の通り、東大寺の盧舎那仏像は、聖武天皇の「菩薩の大願」[74]にもとづいて造像され、『華厳経』もしくは『梵網経』の内容を、台座等も含めた彫像として表現したものである。[75]東寺講堂諸像が実恵による造像であったとすると、その念頭には東大寺の大仏があったのではないか。東寺講堂諸像は、空海から受け継いだ真言密教の教理を、実恵が南都・東大寺で学んだ形式であらわしたものと考えたい。

（はら　ひろふみ・慶應義塾志木高等学校）

註

（1）久野健「東寺草創期の彫像」（『美術研究』二五三、一九六八年。『平安初期彫刻史の研究』再録、吉川弘文館、一九七四年）。

（2）丸尾彰三郎ほか編『日本彫刻史基礎資料集成』平安時代重要作品篇一（中央公論美術出版、一九七三年）。教王護国寺編『教王護国寺所蔵国宝（美術工芸品）木造講堂諸尊二十軀修理報告書』本文編・図版編（教王護国寺、二〇〇〇年）。

（3）『続日本後紀』承和二年三月丙寅（二十一日）条（『新訂増補国史大系』三、三八頁）。

（4）高田修「東寺講堂の諸尊とその密教的意義」（『美術研究』二五三、一九六八年。『仏教美術史論考』再録、中央公論美術出版、一九六九年）など。拙稿「東寺講堂諸像の機能と『金剛頂経』」（『美術史』一六六、二〇〇九年）も同様だが、本報告で再考する。

（5）堀裕「東大寺大仏と宮―大仏供起源考」（『日本史研究』五六九、二〇一〇年）。

（6）足立康「東寺講堂とその真言仏像」（『建築史』二巻二号、一九四〇年。『日本彫刻史の研究』再録、龍吟社、一九四四年）。

（7）『新訂増補国史大系』三、八八頁。

（8）東宝記刊行会編『国宝東宝記原本影印』（東京美術、一九八二年）、五六七頁。

（9）『新訂増補国史大系』三、一三～一四頁。森田悌『続日本後紀』上

（講談社、二〇一〇年）、五九～六〇頁も参照。

(10)『新訂増補国史大系』三、及び森田悌『続日本後紀』上・下（講談社、二〇一〇年）を参照。「容態」欄は原文の引用、「対処」欄は取意文とした。

(11)『新訂増補国史大系』三、七八頁。

(12)前掲註(5)堀裕論文。

(13)前掲註(8)『国宝東宝記原本影印』、七三～七五頁。

(14)現在でも従来の説を踏襲する研究が少なくないが、奥健夫氏は、堀説を受けて諸像造立を実恵の事績とする（奥健夫「構造技法よりみた東寺講堂諸尊像」『仏教彫像の制作と受容―平安時代を中心に』所収、中央公論美術出版、二〇一九年）。

(15)『高野大師御広伝』所収大同四年七月十六日太政官符（長谷宝秀編『弘法大師伝全集』一、六大新報社、一九三五年、二四二～二四三頁）。

(16)「請下奉二為国家一修法上表」（『性霊集』巻第四所収。『定本弘法大師全集』八、五三～五五頁）。

(17)『灌頂暦名』（坂本亮太ほか編『高雄山神護寺文書集成』、思文閣出版、二〇一七年、三～八頁）。

(18)『類聚国史』巻第百八十・仏道七諸寺・天長元年九月壬申（二十七日）条（『新訂増補国史大系』六、二五九～二六〇頁）。

(19)福山敏男「神護寺承平実録帳（公刊）」（『建築史』二巻二号、一九四〇年。『寺院建築の研究』下再録、中央公論美術出版、一九八三年）。

(20)盛淳勘出本の性格については、井上一稔「神護寺『弘仁資財帳』・盛淳勘出『承平実録帳』と金堂薬師如来立像」（『文化学年報』六七、同志社大学文化学会、二〇一八年）を参照。

(21)前掲註(17)『高雄山神護寺文書集成』、四五七～四五九頁。ただし、丸山士郎「初期神像彫刻の研究」（『東京国立博物館紀要』四〇、二〇〇五年）掲載の写真により一部体裁を変更した。

(22)前掲註(17)『高雄山神護寺文書集成』、四二五～四三七頁、四四一頁。ただし、前掲註(21)丸山士郎論文掲載の写真により一部体裁等を変更した。

(23)井上正「薬師如来像（京都神護寺）」（丸尾彰三郎ほか編『日本彫刻史基礎資料集成』平安時代重要作品篇二所収、中央公論美術出版、一九七六年）。

(24)他に『神護寺略記』の平岡神宮の項に載る「八幡大菩薩御形像一鋪」には「承平実録帳委細在レ之」の注記がある。八幡神画像の成立時期については議論があるが、ここでは立ち入らない。また、食堂の項に聖僧文殊像に関する記載のあった可能性がある（前掲註(20)井上一稔論文）。

(25)前掲註(18)。

(26)皿井舞「神護寺薬師如来像の史的考察」（『美術研究』四〇三、二〇一一年）。

(27)毛利久「神護寺薬師如来立像の問題」（『史迹と美術』一八六、一九四八年。『日本仏教彫刻史の研究』再録、法藏館、一九七〇年）。

(28)『日本三代実録』貞観二年（八六〇）二月廿五日条（『新訂増補国史大系』四、四八頁）。毛利久「五大虚空蔵菩薩像（京都神護寺）」（前掲註(23)『日本彫刻史基礎資料集成』平安時代重要作品篇二所収）。

(29)藤井恵介「最澄・円仁と天台密教空間」（『密教建築空間論』所収、中央公論美術出版、一九九八年）。「白檀九仏」の形状も不明だが、請来の板彫曼荼羅のようなものか。

(30)長岡龍作「空海の思想と草創期高野山の伽藍と仏像」（『東日本大震災復興祈念特別展　空海と高野山の至宝』所収、共同通信社、二〇一七年）。

(31)伊東史朗「講堂　彫刻」（東寺創建一千二百年記念出版編纂委員会編『新東宝記―東寺の歴史と美術』所収、東京美術、一九九六年）。

(32)「於二紀伊国伊都郡高野峯一被レ請二乞入定処一表」（『性霊集』巻第九所収。『定本弘法大師全集』八、一六九～一七一頁）。

(33)『御手印縁起』所収弘仁七年七月八日太政官符案（『定本弘法大師全集』七、三三五～三三六頁）。

(34)武内孝善「『金剛峯寺建立修行縁起』の研究―㈠・本文校訂」（『高野山大学密教文化研究所紀要』一一、一九九八年）、四四～四五頁。

(35)足立康「高野山根本大塔とその本尊」（『建築史』三巻一号、一九四一年。『塔婆建築の研究』再録、中央公論美術出版、一九八七年）。佐和隆研「金剛峯寺伽藍の草創に就いて」（『密教研究』八九、高野山大学出版部、一九四四年。「金剛峯寺伽藍の草創」と改題して『日本の密教美術』〈便利堂、一九六一年〉、『密教の寺―その歴史と美術』〈法藏館、一九七四年〉、『佐和隆研著作集』二〈法藏館、一九九七年〉に再録）。

(36)『定本弘法大師全集』八、一七三頁。

(37)『続日本後紀』承和八年二月戊申（七日）条（『新訂増補国史大系』三、一一六頁）。

(38)津田徹英「高野山金剛峯寺旧金堂所在焼失七尊像私見」（真鍋俊照編

『密教美術と歴史文化』所収、法藏館、二〇一一年。「高野山金剛峯寺旧金堂所在　焼失七尊像」と改題して『平安密教彫刻論』再録、中央公論美術出版、二〇一六年）。

(39) 藤井恵介「高野山金堂と両界曼荼羅を安置する中世本堂」（『建築史学』七、一九八六年。「高野山金堂の成立と両界曼荼羅を安置する中世本堂」と改題して前掲註(29)『密教建築空間論』再録）。

(40)『大日本古文書』家わけ第一・高野山文書之八、四一～四三頁。

(41) 足立康「高野山金堂七尊像の造顕年代」（『国華』五九五、一九四〇年。前掲註(6)『日本彫刻史の研究』再録）。

(42) 西川杏太郎「高野山旧金堂諸仏関係資料」（『仏教芸術』五七、毎日新聞社、一九六五年。『日本彫刻史論叢』再録、中央公論美術出版、二〇〇〇年）。前掲註(38)津田徹英論文。

(43) 岩佐光晴『平安時代前期の彫刻――一木彫の展開』（『日本の美術』四五七、至文堂、二〇〇四年）。

(44) 西川新次「観心寺の仏像（下）」（『仏教芸術』一二一、毎日新聞社、一九七八年）。岩佐光晴「観心寺観音菩薩立像について（上）」（『MUSEUM』五三一、一九九五年）。

(45) 水野敬三郎「禅定寺の彫刻とその周辺」（『MUSEUM』一七一、一九六五年。『日本彫刻史研究』再録、中央公論美術出版、一九九六年）。

(46)『平崇上人行業記』・『禅定寺造営年次目録』（『禅定寺文書』、吉川弘文館、一九七九年、八頁・一七二～一七三頁）。

(47) 角田文衞「廃光明山寺の研究―蟹満寺釈迦如来像の傍証的論考」（『考古学論叢』一、考古学研究会、一九三六年。『国分寺と古代寺院』再録、法藏館、一九八五年）。

(48) 伊東史朗『十世紀の彫刻』（『日本の美術』四七九、至文堂、二〇〇六年）。

(49) 仁和三年建立の金剛峯寺西塔に安置された大日如来坐像との作風の相違も留意される。疎ら彫りの地髪や髻の太さは共通するものの、直線的な上瞼と弧を描く下瞼からなる切れ長の眼、鼻筋の通った大日の面貌は二像と異なり、むしろ承和期の諸像に近い。

(50)『大正新脩大蔵経』五六、二二七頁下段。鈴木亘「薬師寺講堂に関する一考察」（『昭和四十六年度（近畿）大会学術講演梗概集〈計画系〉』所収、日本建築学会、一九七一年）。

(51) 拙稿「日本及び中国の仏教寺院における講堂の機能と仏像安置―唐招提寺盧舎那仏坐像の原所在堂宇検討の前に」（『仏教芸術』四、仏教芸術学会、二〇二〇年）。

(52)『定本弘法大師全集』七、一〇〇～一〇一頁。書状の成立年代が弘仁七年もしくは八年、特に七年の可能性が高いことは、武内孝善「高野山の開創と丹生津比売命」（『弘法大師空海の研究』所収、吉川弘文館、二〇〇六年）。なお、同論文の初出は岡田重精編『日本宗教への視角』（東方出版、一九九四年、原題「高野山の開創をめぐって―弘法大師と丹生津比売命」）だが、初出時は弘仁八年説を採っている。

(53) 長岡龍作『日本の仏像―飛鳥・白鳳・天平の祈りと美』（中央公論新社、二〇〇九年）、一四～一八頁。

(54)『定本弘法大師全集』八、一五九頁。

(55) 後の大塔と西塔には五仏像が置かれたが、その構想が空海に遡るのかは不明である。東寺の五重塔に四仏・八菩薩像が置かれたのも、史料的に明らかなのは永仁元年（一二九三）再建塔からで（『東宝記』巻第二）、そもそも創建塔の完成も元慶年間（八七七～八八五）に下る（赤松俊秀「初期の東寺」『仏教芸術』四七、毎日新聞社、一九六一年）。その構想が空海に遡るかはきわめて疑わしい。

(56)『定本弘法大師全集』一、三一頁。

(57)『定本弘法大師全集』一、三〇～三一頁。

(58)『類聚三代格』巻第二・修法灌頂事・承和三年五月九日官符（『新訂増補国史大系』二五、六七～六八頁）。

(59) 堀裕「真言宗・寺院制度・唐からみた東大寺と空海―東大寺真言院を中心に」（本書所収）。

(60) 藤井恵介「真言密教における修法灌頂空間の成立」（『仏教芸術』一五〇、毎日新聞社、一九八三年。「空海と真言密教空間」と改題して前掲註(29)『密教建築空間論』再録）。

(61) 櫻木潤「嵯峨・淳和朝の「御霊」慰撫―『性霊集』伊予親王追善願文を中心に」（『仏教史学研究』四七巻二号、二〇〇五年）。

(62)『定本弘法大師全集』八、一〇〇頁。

(63)『定本弘法大師全集』八、及び『弘法大師空海全集』六（筑摩書房、一九八四年）を参照。「通」番号欄は、『日本古典文学大系』七一のそれを踏襲したが、『定本弘法大師全集』とは底本が異なるため、両者では収録順に若干の相違がある。

(64)『日本紀略』天長九年七月乙未（五日）条（『新訂増補国史大系』一〇、

三三三頁)。
(65) 前掲註(4)高田修論文。
(66) 前掲註(4)拙稿。
(67) 前掲註(1)久野健論文。
(68) 前掲註(8)『国宝東宝記原本影印』、五二頁。
(69) 松浦正昭「東寺講堂の真言彫像」(『仏教芸術』一五〇、毎日新聞社、一九八三年)。
(70) 『定本弘法大師全集』一、三〇頁。
(71) 例えば、表1⑤承和六年四月十七日の不予に関して、『続日本後紀』同月丁丑(二十六日)条によれば、陸奥国より援兵千人増員の奏状が届き、同日許可を与えている(『新訂増補国史大系』三、八七~八八頁)。こうした陸奥国の動向が、自身の不予と合わせて鎮護国家を願う造仏に繫がった可能性もあるだろう。
(72) 『定本弘法大師全集』七、一〇七頁。
(73) 武内孝善『空海はいかにして空海となったか』(KADOKAWA、二〇一五年)、九八~九九頁。
(74) 『続日本紀』天平十五年(七四三)十月辛巳(十五日)条(『新日本古典文学大系』一三、四三〇頁)。
(75) 外村中「『華厳経』の宇宙論と東大寺大仏の意匠について」(『日本研究』五一、国際日本文化研究センター、二〇一五年)など。

挿図出典

1・15・18 教王護国寺編『教王護国寺所蔵国宝(美術工芸品)木造講堂諸尊二十軀修理報告書』図版編(教王護国寺、二〇〇〇年)。
3・4・5・6・7・8・10・12 文化庁編『戦災等による焼失文化財』増訂版・美術工芸篇(便利堂、一九八三年)。
9 東京国立博物館編『特別展図録 平安時代の彫刻』(便利堂、一九七二年)。
11 宮次男編集担当『日本古寺美術全集』一五(集英社、一九八〇年)。
13 伊東史朗責任編集『日本美術全集』四(小学館、二〇一四年)。
14 小松茂美編『年中行事絵巻』(『日本の絵巻』八、中央公論社、一九八七年)。
16 『大正新脩大蔵経』図像一(大蔵出版、一九三三年)。
17 『根津美術館新蔵品選 国宝・重要文化財』(根津美術館、二〇二〇年)。
19 根津美術館学芸部編『根津美術館所蔵 密教絵画—鑑賞の手引き』(根津美術館学芸部、二〇一三年)。

弘法大師空海と華厳教学
―果分の可説・不可説を中心に―

土居夏樹

はじめに

弘法大師空海（七七四～八三五。以下、空海）は、自らが伝えた「密教」を日本に根付かせるため、従来の仏教思想を「顕教」と呼び、その顕教に対する密教の優位性を示す教判論としての「顕密対弁」を行っている。

その空海の顕密対弁の中で、華厳宗に対して密教の優位を主張するために用いられたのが、中国華厳宗第三祖とされる賢首大師法蔵（六四三～七一二）の『華厳五教章』（以下、『五教章』）における「果分不可説」、すなわち「〈さとり〉そのものは説くことができない」という議論である。空海は、『五教章』における「果分不可説」を華厳宗の限界点であるとし、密教とは、華厳の教えで説くことができないとされた果分を開示する教えである、と主張する。同時に空海は、『秘密曼荼羅十住心論』（以下、『十住心論』）や『秘蔵宝鑰』といった著作の中で、華厳宗の教学を「顕教」の最高位に位置付け、その思想を「華厳三昧」というフレーズで解釈している[1]。

ところで、この華厳宗における「果分不可説」をめぐる議論を展開したのは、空海だけではない。むしろ空海当時の日本仏教界では、この「不可説」とされた「果分」をどのように考えるのか、という問題に、それぞれの立場から向き合う傾向があったことが指摘できる。

そこで今回の報告では、空海と華厳教学との関わりを、「果分」すなわち「〈さとり〉そのもの」に対する議論を通して確認するとともに、華厳宗を含めた空海当時の日本仏教界が、この「果分不可説」の問題とどのように向き合ったのかについて検討することとしたい。

一　顕教の分斉・密蔵の本分

空海が華厳宗の教学について言及した最初の例は、『続遍照発揮性霊集補闕鈔』（以下、『性霊集』）巻第九に収められた、弘仁六年

（八一五）四月一日付の「諸の有縁の衆を勧めて秘密の法蔵を写し奉るべき文」（以下、『勧縁疏』）に見える。

①**謂わゆる顕教といっぱ、報応化身の経是れなり**。**密蔵といっぱ、法身如来の説是れなり**。顕は則ち因果六度を以って宗とす。是れ則ち菩薩の行、随他語の方便の門なり。密は則ち本有の三密を教とす。具さに自証の理を説く、如義真実の説なる者なり。故に『楞伽経』に具に四種の仏の説法の相を列ねて云く、「虚妄の体相を分別する、是れを報仏説法の相と名づく。応化仏は化衆生の事を作すこと、真実の説法に異なり。内所証の法、聖智の境界を説かず」。法仏といっぱ内証聖行の境界を説きたまう。②**華厳の『地論』は果分不可説と述べ**、法華の『止観』には秘教不能伝と談ず。空論には則ち第一義の中に無言説と述べ、有宗には則ち真諦の廃詮談旨を顕わす。上、応化の経より、下、論章疏に至るまで、自証を韞んで而も説かず。他病に随うて以って訓を垂る。希有甚深なりと云うと雖も、而も是れ権にして実に非ず[2]。（改行・傍線・付番等、引用者。以下同じ）

ここで空海は、報身・応化身所説の随他語の方便である顕教と、法身所説の自証の理・本有の三密である密教とを明確に弁別している（傍線①）。その上で、法身（法仏）は「内証聖行の境界」すなわち〈さとり〉そのものを説く[3]のであるから、「果分不可説」すなわち「〈さとり〉そのものは説くことができない」とする華厳宗よりも優れている、と主張する。

ここで「華厳の地論は果分不可説と述べ」（傍線②）とあるのが、おそらく法蔵の『五教章』に見られる箇所であろう[4]。と言うのも、『勧縁疏』の頃の作とも言われる『弁顕密二教論』（以下、『二教論』）巻上には、「華厳の五教」として、『五教章』から三箇所の引用がされているからである。そこで以下に『二教論』に引用された『五教章』の文章を示して、論旨の検討を試みたい。

A『華厳五教』の第一の巻に云く、「今将に釈迦仏の海印三昧一乗教義を開かんとするに略して十門を作る。初に建立乗を明かさば、然も此の一乗教義の分斉を開いて二門とす。一には別教、二には同教。初の中に亦二つ。**一には是れ性海果分、是れ不可説の義に当る。何を以ての故に、教と相応せざるが故に。即ち十仏の自境界なり。故に『地論』に因分可説・果分不可説と云うは是れなり。二には是れ縁起因分、即ち普賢の境界なり**」[5]。

B又中巻の十玄縁起無礙法門義に云く、「夫れ法界の縁起は乃ち自在無窮なり。今要門を以って略摂して二とす。**一には究竟果証の義を明かす。即ち十仏の自境界なり。二には縁に随い因に約して教義を弁ず。即ち普賢の境界なり**。初の義とは円融自在にして一即一切、一切即一なり。其の状相を説くべからずまくのみ。『華厳経』の中の究竟果分の国土海及び十仏自体融義等の如きは即ち其の事なり。因陀羅及び微細等を論ぜず。**此れ不可説の義に当れり。何を以っての故に。教と相応せざるが故に。故に地論に因分可説・果分不可説と云うは即ち其の義なり**。問う。義若し是の如くならば何が故に経の中に乃ち仏不思議品等の果を説くや。答う。此の果の義は是れ縁に約して形対して因を成ぜんが為の故に此の果を説く。究竟自在の果に拠るに非ず。然る所以は、不思議法品等は因位と同会にして説くが為の故に、知んぬ、形対するまくのみ」[6]。

C又云く、「問う。上に果分は縁を離れて不可説の相なり、但し因分を論ずと言わば、何が故にか十信の終心に即ち作仏得果の法を弁ずるや。答、今作仏と言うは、但し初め見聞より已去、乃し第二生に至って即ち解行を成し、解行の終心に因位窮満する者、第三生に於いて即ち彼の究竟自在円融の果を得るなり。**此の因の体は果に依って成ずるに由るが故に、但し因位満ずる者勝進して即ち果海の中に没す。是れ証の境界たるが故に不可説なりまくのみ**[7]」。

『二教論』巻上では、『五教章』の「建立乗」冒頭部（段落A）、「義理分斉」の「十玄縁起無礙法門義」の冒頭部（段落B）と諸法相即自在門での三生成仏を論じる箇所（段落C）から、果分不可説を論じた箇所が引用されている。すなわち、海印三昧において開示される別教一乗（華厳宗）の教義は、〈さとり〉そのものである「性海果分」と、修行の段階である「縁起因分」の二種類に分類される（段落A・段落B）。法蔵はこの果分と因分について、『地論』すなわち『十地経論』からの引用によって「因分可説、果分不可説（因分は説くことができるが、果分は説くことができない）」と述べている。

さらに空海は、その説くことができない「果分」を「十仏の自境界」とも呼んでいる。なお、この「十仏」については、それを『華厳経』「離世間品」に説かれる〈さとり〉の功徳を分類した「行境の十仏[8]」とするのか、同じく『華厳経』「十地品」に説かれる〈三世間〉をその身心とする「解境の十仏[9]」とするのか、という議論があったようである[10]。いずれにしても『五教章』では、「性海果分」すなわち〈さとり〉そのものが不可説なのは「教えと相応しないから」（段落A・段落B）であり、それは〈さとり〉そのものである果分が「証の境界」すなわち「（語られる対象ではなく、）実証されるべき対象」であるから（段落C）、と解釈している。

さて『二教論』では、このように『五教章』の「因分可説、果分不可説」に関する箇所を引用した後、それらについて次のように述べている。

喩して曰く、『十地論』及び『五教』の「性海不可説」の文と、①**彼の龍猛菩薩の「不二摩訶衍の円円性海不可説」の言と懸に会えり**。②**謂わゆる「因分可説」というは顕教の分斉、「果性不可説」というは即ち是れ密蔵の本分なり**。何を以ってか然知るとならば、『金剛頂経』に分明に説くが故に。有智の者、審らかに之れを思え[11]。

ここでは、『五教章』で可説とする「因分」が「顕教の分斉」であり、不可説とされる「果分」こそが「密蔵の本分」である、と述べられている[12]（傍線②）。この点は、先に確認した『勧縁疏』の主張と同じである。ただしここでは、その『五教章』での「果分不可説」の議論について、「龍猛菩薩の不二摩訶衍の円円性海不可説の言」と合致する、とも述べられている（傍線①）。

これは、『大乗起信論』の注釈書である『釈摩訶衍論』（以下、『釈論』）の内容を指している。『釈論』は空海が重要視したことでも知られ、『二教論』でも『五教章』の引用に先立って『釈論』を引用している。その中でも、今回は特に次の三カ所を確認しておきたい。

a **何が故にか不二摩訶衍の法は因縁無き耶。是の法は極妙甚深にして独尊なり**。機根を離れたるが故に。何が故にか機を離れたる。機根無きが故に。何ぞ建立を須いる。建立に非ざるが故に。

……性徳円満海是れなり。所以何んとなれば、機根を離れたるが故に、教説を離れたるが故に。

b八種の本法は因縁より起る。機に応ずるが故に。説に順ずるが故に。何が故にか機に応ずる。機根有るが故に。……修行種因海是れなり。所以何んとなれば、機根有るが故に。教説有るが故に。⑬

c「諸仏甚深広大義」とは、即ち是れ通総摂前所説門なり。謂わゆる通じて三十三種の本数の法を摂するが故に。此の義云何。「諸仏」と言うは即ち是れ不二摩訶衍の法なり。所以何んとならば、此の不二の法を彼の仏に形らぶるに其の徳勝れたるが故に。『大本華厳契経』の中に是の如くの説を作す。「其の円円海は諸仏を得す。勝れたり。其の一切の仏は円円海を成就すること能わず。劣なるが故に」。若し爾らば何が故にか『分流華厳契経』の中に是の如くの説を作す。「盧舎那仏は三種世間を其の身心とす。三種世間に法を摂するに余無し。彼の仏の身心も亦復摂せざる所有ること無し」。盧舎那仏は三世間を摂すと雖も、而も摂と不摂との故に、是の故に過無し。⑭

『釈論』では、機根や教説を離れた絶対の果分（性徳円満海）としての「不二摩訶衍法」（段落a・傍線部）と、機根や教説に応じる因分（修行種因海）としての「八種の本法」⑮を設ける（段落b・傍線部）。またここでは、架空経典である『大本華厳契経』と『分流華厳契経』からの引用によって、絶対の果分であり「円円海」とも呼ばれる「不二摩訶衍法」は、三種世間をその身心とする『華厳経』の盧舎那仏であってもおさめ取ることはできない、とも述べられている（段落c・傍線部）。

いずれにしても、この『二教論』に引用された、『釈論』における「不二摩訶衍法」（性徳円満海・円円海）と「八種の本法」（修行種因海）の関係についての言及は、明らかに『五教章』の「因分可説、果分不可説」の議論と一致していると言えよう。⑯

二　空海の「華厳宗」理解

ところで、空海は『十住心論』や『秘蔵宝鑰』の中で華厳宗を、顕教では最高レベルである「第九極無自性住心」に配している。空海はこの極無自性住心で「是の因、是の心、前の顕教に望むれば極果なり。後の秘心においては初心なり」と述べ、華厳宗を「顕教の極果、密教の初心」と位置付けているが、その華厳宗の教義については、次のように述べている。

盧舎那仏始め成道の時、第二七日に普賢等の諸大菩薩等と、広く此の義を談じたまえり。是れ即ち謂わゆる『華厳経』なり。爾れば乃ち華蔵を苞ねて以って家とし、法界を籠めて而して国とす。七処に座を荘り、八会に経を開く。①此の海印定に入って法性の円融を観じ、彼の山王の機を照らして心仏の不異を示す。九世に刹那を摂し、一念を多劫に舒ぶ。一多相入し、理事相通す。帝網を其の重重に譬え、錠光を其の隠隠に喩う。遂使て覚母に就いて以って発心し、普賢に帰して而も証果す。三生に練行して百城に友を訪う。一行に一切を行じ、断に一切を断ず。初心に覚を成じ、十信に道円なりと云うと雖も、因果異ならずして五位を経て而も車を馳せ、②相性殊ならずして十身を渾げて而も同じく帰す。斯れ則ち華厳三昧の大意なり。⑰

ここで空海は、華厳宗の教義を、法性円融・一多相入・理事相通・相性不殊といったフレーズで説明している（傍線①）。またここでは、そういった華厳宗の教義が「斯れ則ち華厳三昧の大意なり」とまとめられている（傍線②）。『十住心論』巻第九に「又華厳宗は五教と十玄と六相と華厳三昧とを以って至要とす[18]」ともあるように、空海は「華厳三昧」を、海印三昧において開示される華厳一乗の中核と位置付けている[19]。その『十住心論』巻第九には、中国華厳宗の初祖とされる杜順（五五七～六四一）の『華厳五教止観』から「第五華厳三昧門」が全文引用されているが、そこでは「華厳三昧」が次のように説明されている。

問って曰く、云何んが色等の諸法を見て、即ち大縁起法界に入ることを得るや。答えて曰く、色等の諸事は本より真実にして詮を亡ぼし、即ち妄心及ばざるを以ってなり。……是の故に眼耳等の事を見て、即ち法界縁起の中に入るなり。何となれば、皆是れ実体の性無ければなり。即ち無体に由って幻相方に成ず。縁より生ずるは自性の有に非ざるを以っての故に、即ち無性に由って幻有を成ずることを得るなり。**是の故に性相渾融し全収して一際なり。所以に法を見て即ち大縁起法界の中に入るなり**[20]。

すなわち、一切諸法を性相渾融・全収一際の法界縁起の真実と見ること、言い換えるならば、性と相、理と事との渾然一体の関係から一切諸法を観察することが「華厳三昧」である。この点は、空海が華厳宗の教義を示すフレーズとして挙げていた、法性円融・一多相入・理事相通・相性不殊などと合致する。

このように空海は、華厳宗の教学を法性円融・性相渾融、言い換えるならば、真如と諸法との関係から捉えている。そのことは、『十住心論』巻第九で次のように述べていることからも明らかであろう。

善無畏三蔵の説かく、此の極無自性心の一句に悉く華厳教を摂し尽くすと。所以何となれば、**華厳の大意は始めを原ね、終りを要むるに、真如法界不守自性随縁の義を明かす**[21]。

ここで空海は、華厳宗を配当した「極無自性心」について、善無畏三蔵がこの一句に華厳の教えがおさめられると解釈していた、と述べている。その是非はともかくとして、空海自身が華厳宗の教義を、「真如法界不守自性随縁」として理解していることはうかがえよう。

空海は『十住心論』の中で華厳宗の教義を「華厳三昧」とし、その内容については「性相渾然」や「理事相通」、「真如法界不守自性随縁」といった真如と諸法との混然一体の関係である、と解釈している。ただし、それは『十住心論』巻第九で、『釈論』巻第十における盧舎那仏と不二摩訶衍法との関係を引用した際に、

華厳所説の三種世間の仏は是れ則ち種因海の仏なり。故に性徳海の仏を摂することを得ざるなり。経論の明証此の如し。末学の凡夫強いて胸臆に任せて難思の境界を判摂すべからず[22]。

と空海自身が述べていることからも明らかな通り、あくまでも可説の因分としての教義であり、「密蔵の本分」たる果分ではない、という理解が前提になっている。つまり空海は、海印三昧において開示される華厳一乗の教義（華厳三昧）を、あくまでも因分である顕教として位置付けているのである。

それでは、その果分である密教とは何か。『勧縁疏』ではそれが、「自証の教」である「本有の三密」、すなわち身語意の三密であると

されていた。『十住心論』巻第十「秘密荘厳住心」では、その内の「語密」における密教（真言法教）について、『大日経』巻第二「具縁品」所説の所謂「二十九字門」を引用し、次のように述べている。

且く語密の真言法教について、法曼荼羅心を明かせば、経に云く「云何が真言法教。謂く𑖀字門は一切諸法本不生の故に。𑖎字門は一切諸法離作業の故に。𑖏字門は一切諸法等虚空不可得の故に。……𑖭字門は一切諸法一切諦不可得の故に。𑖮字門は一切諸法因不可得の故に。𑖒𑖗𑖜𑖡𑖦は一切処に遍じて一切の三昧に於いて自在に速やかに能く一切の事を成弁し、所為の義利皆悉く成就す」と。(23)

すなわち、語密の真言法教（密教）とは、『大日経』に説かれる字門である。空海は『十住心論』巻第十で、「此の一一の字門に無量無辺の顕密の教義を具す(24)」とも述べており、真言・字門が密教という教えの根本であるとしているのである。

以上確認してきたように、空海は『五教章』における「因分可説、果分不可説」の議論を踏まえ、海印三昧において開示される華厳一乗の教義を「華厳三昧」と呼び、また「縁起因分」「修行種因海」と位置付けている。それは、自らが日本に伝えた密教（真言法教）こそが、『五教章』で不可説とされる「性海果分」であり、『釈論』の「不二摩訶衍法（円円海）」であるという、顕密対弁に根差した「華厳宗」理解であると言えよう。

三　因分可説・果分不可説をめぐる議論

すでに述べたように、空海は「華厳では果分そのものは説くことができない。その華厳で説くことができない果分そのものが密教である」という主張によって、華厳宗の教義に対する密教の優位性を主張している。この空海の主張の根拠となっているのが、法蔵の『五教章』における「因分可説、果分不可説」の議論であるが、その法蔵の解釈は、華厳宗内でも決して定まった解釈ではなかったようである。そもそも、『五教章』で「『地論』に因分可説・果分不可説と云う」とある箇所は、現存の『十地経論』には存在しない。ただ、『十地経論』巻第二には、十地の因分と果分を論じた箇所がある。

前に「十地の義は是の如く説問することを得べからず」と言い、今は「我但だ一分を説く」と言う。此の言何の義をかあるや。**是の地の所摂に二種有り。一には因分、二には果分なり。説とは謂く解釈なり。一分とは是れ因分なり。**果分に於いて一分と為すが故に「我但だ一分を説く」と言う。(25)

ここでは、十地について、説明・解釈される因分と説問すべからざる果分とがある、と述べている（傍線部）。おそらく法蔵はこの箇所を「『地論』に因分可説・果分不可説と云う」として『五教章』に引用したのであろうが、この『五教章』での法蔵の見解は、弟子である静法寺慧苑（六七三？～七四三？）の『続華厳経略疏刊定記』巻第十で、次のように批判されている。

今復助釈するに、**或は此の二分唯十地に在るのみ。仏果に預かるに非ず。**……又云わく「是の地の所摂に二種在り。一には因分、二には果分なり」と。釈して曰く。論既に判じて二分と云う。地の摂なるが故に。**果分は仏果に非ざることを知るなり。爾らずんば仏果は是れ菩薩なるが故に。**(26)

ここで慧苑は、『五教章』が引用する『十地経論』では、あくまでも十地という修行階梯における因分・果分が論じられているのであり、仏果の不可説が説かれているのではないと述べ、師である法蔵の解釈を批判している。実際、この慧苑の批判をさらに批判して、法蔵の解釈を支持した清涼大師澄観（七三八—八三九）にしても、この点については『華厳経疏』巻第三十三で「冥に果海に同ず」(27)と会通するにすぎない(28)。

このように、『五教章』の「因分可説・果分不可説」は、中国の華厳宗内でも、法蔵の解釈をめぐって議論の的になっていたようである。そのことは、奈良時代末の東大寺華厳宗の僧侶である寿霊（生没年不詳）の『華厳五教章指事』からもうかがうことができる。『華厳五教章指事』巻中本では、『二教論』にも引用されていた『五教章』「義理分斉」の「十玄縁起無礙法門義」冒頭部（2頁下段の段落Bの箇所）を注釈する際、「有る人云わく」として次のような説を紹介している。

言わく『華厳経』の中の「究竟果分」等の如きは、**有る人の云わく、経に十身の中に国土身等と云うが如し。此れ即ち国土海及び十仏融摂の義なり。**「舎那品」に云うが如し。法界不可壊蓮華世界海、此の国土海は即ち法界なり。**此等は即ち是れ十仏の所知なり。故に果分と云う。**案じて云く、此の説然りと雖も、而も疏に違す。故に信用すべからず(29)。

ここでは「有る人」の説として、『五教章』で「国土海及び十仏自体融義等」とする「究竟果分」を、「解境の十仏」である「国土身」などのこととする解釈が紹介されている。しかしながら、寿霊自身は「十仏」を「行境の十仏」とするためか、今の「十仏」を「解境の十仏」とする「有る人」の解釈を、「疏に違する」「信用すべからず」などと否定している(30)。いずれにしても、『五教章』における「不可説の果分」の解釈に関する異説が、寿霊の頃には知られていたことがうかがえよう。

ところで、この『五教章』における「因分可説・果分不可説」は、平安時代初期の日本仏教の中で様々に議論されるようになる。空海のように華厳教学の「果分不可説」解釈を用いて自宗の優位性を主張する例は、伝教大師最澄（七六六／七六七～八二二。以下、最澄）が弘仁十二年（八二一）に著した『法華秀句』巻上本「華厳家の一乗の義を救う章」にもうかがうことができる。

麁食、亦華厳は頓機の為に直爾に深く甚深の義を説くと云わば、因分の甚深と為んや、果分の甚深と為んや。若し因分の甚深と言わば、未だ真実を顕わさず。方便を兼ぬるが故に、半権半実なり。何ぞ一向に実ならんや。若し果分の甚深と言わば、**華厳の時には未だ果分を説かず。仏の不思議、如来の相海等を説くと雖も、然も是れ形対の果なり。故に地論に云わく、「因分可説、果分不可説」と。果分の経は即ち唯一仏乗なり。華厳に仏乗を説くと雖も、行唯一ならず。故に兼権と名づく。**若し普賢行門の因分、性海の果分なりと言わば、教と相応せざるが故に、可説・不可説と名づく。何ぞ必ずしも法華を指さざらん。然るに法華に一仏乗というは、華厳以前は置きて説かず、分別説三は方便を兼ぬ。華厳の会中に分別する所なり。明らかに知んぬ、一の果分の法に於いて、法華の日には熟機の人の為に一大事を説く。**麁食者、何ぞ因分の華厳は実教の摂、果分の法華は権教なりという。**華厳は同時の四車、法華は開会の四車なり。其の義天に懸かる。何の同じき所ならん[31]。

最澄は、華厳を実教、法華を権教とする麁食者（法相宗の徳一）の見解に対し、「地論に云わく」として『五教章』における「因分可説・果分不可説」を用い、果分が不可説である『華厳経』よりも、「果分の経」である『法華経』の方が優れている、と主張する[32]。ここでの最澄の主張は、「華厳宗では説き示すことができないとした果分こそが自宗の内容である」と主張する点において、明らかに空海のそれと軌を一にするものであると言えよう。

ところで、このように最澄は「『華厳経』では果分が説かれ得ない」とするが、これに対して『十住心論』などと同じく「天長の六本宗書」に数えられる、大安寺三論宗の玄叡（?〜八四〇）が著した『大乗三論大義鈔』（以下、『大義鈔』）巻第四「三一権実諍論」には、「次に天台宗を破す」とする箇所において、次のように記されている。

問う。法華の一乗と華厳の一乗とは、何の差別か有る。

答う。華厳の一乗は此れは是れ本を覆うて方便教に滞る。法華は爾らず。是の故に異と為す。

……或は有る人の云わく、『十地論』に云う、「因分は可説にして、果分は不可説なり」と。彼の論に既に果分不可説と言う。明らかに知んぬ、『華厳経』は未だ本地の果を明かさず。又云わく「華厳の明かす所の智慧は猶し爪上の土のごとく、法華の説く所の仏の智慧は十方の土を知る」と。

三論師破して云く、汝は未だ論意を得ず。彼の『地論』の意は因果相形して、五十一の行相麁顕なるを是れを名づけて因分可説と為し、本地の法身の常住の果は微妙幽深にして、心慮及ばず、名声斯に絶するが故に、称して果分不可説と曰う。彼の経の中に果を説かざるが故に、不可説と名づくるには非ず[33]。

ここで玄叡は、『五教章』における『十地経論』の「因分可説・果分不可説」を用いて、華厳一乗に対して法華一乗の優位を主張する天台宗の立場に対して、それは『十地経論』の真意を理解していない、と反論している。『十地経論』の真意は、五十一位の行相と仏果との相対において、麁相の行相を「因分可説」、微細な仏果を「果分不可説」と呼んでいるのであり、『華厳経』に仏果が説かれていない、という意味ではない（傍線部）。玄叡はこのように述べ、「果分不可説」を「『華厳経』には仏果が説かれていない」と解釈することを批判している。これなどは、明らかに先に見た最澄の主張への反論となっていると言えよう[34]。

以上確認してきたように、空海が華厳宗に対する密教の優位性を主張するために用いた『五教章』の「因分可説、果分不可説」の解釈は、華厳宗内でも、そして平安時代初期の天台宗や三論宗でも、さまざまに議論されているのである。

四　『華厳宗一乗開心論』における因分・果分

『五教章』の「因分可説、果分不可説」をめぐる議論は、空海だけではなく、最澄や玄叡によっても議論されていた。つまり平安時代最初期は、「華厳宗で不可説とされる果分こそが自らの標榜する教義である」とする主張によって、新たな教相判釈がなされた時代でもあった、と言うことができよう。

そのような状況における華厳宗の動向をうかがう資料として注目

したいのが、「天長の六本宗書」に数えられる普機（生没年不詳）の『華厳宗一乗開心論』（以下、『開心論』）である。(35)『開心論』の著者である普機についてはその詳細が伝わっておらず、①東大寺華厳宗の第六代とされる長歳の弟子であろうことと、②空海と何らかの関係があったであろうことが、『開心論』本文や凝然の記録から読み取れる程度である。(36)また、『開心論』そのものも、巻下の一部分しか現存しておらず、その全体像は不明である。とは言え、その現存箇所からも、因分・果分に関する議論や、空海説への反応のような内容を読み取ることができる。

その『開心論』の現存箇所の冒頭部分では、因分・果分について、八十巻『華厳経』巻第四十「十定品」第二十七之一からの引用を用いつつ、次のように述べている。

　謂く一大法身、毘盧遮那、円智海蔵、所説の華厳三昧門、能く信量すること能わず。**釈して曰く。一切の三乗等は、未だ華厳三昧に入らず。皆悉く一乗の因分を測量すること能わず。何況や果分をや。因分・果分を論ずる談の意は此れに任ず。**「十定品」に云うが如く、「仏、普眼に言く、幻中の幻相すら尚不可説なり。何況や普賢菩薩の秘密身の境界、秘密語の境界、秘密意の境界にして、其の中に於いて、能く入り能く見んや」云々。又第九地の頌の中の如し。三乗の道を求むるに、猶易と為すがごとし。能く是の法を信ずるは甚だ難と為す。具には中巻の如し。(37)

すなわち、「一大法身である毘盧遮那如来が説く華厳三昧門を信じ、推し量ることができない」というのは、すべての三乗等は華厳三昧に入っていないため、一乗の因分を理解することができない。ましてや果分においては言うまでもないことであり、これこそが因分・果分を論じる意図である（傍線部）。普機がこのように論じている因分・果分の議論が、『五教章』の「因分可説、果分不可説」と直接結び付くのかどうかは明らかではない。しかしながら、ここで譬喩として用いられているのが、「十定品」における普賢菩薩の三密の境界であることなどを考えると、この普機の主張は「華厳宗では不可説とされる果分こそが、密教である本有の三密にほかならない」という空海の主張との関連をうかがわせる。(38)

実際、普機が密教を意識しているであろうことは、『開心論』で「海印三昧」を論じる際に、空海が将来した『守護国界主陀羅尼経』（『守護国経』）巻第三「陀羅尼品」から、次の箇所を引用していることからもうかがえる。

　『守護国界主陀羅尼経』に云く、「復次に善男子、何等を名づけて海印陀羅尼門と為すや。善男子よ、大海の水が一切を印現するが如く、……是の如き等の類の上中下品の一切の色相は大海の中に於いて、平等に印現す。故に大海を説いて第一印と為す。最勝妙印にして希奇殊特、無等無過なり。菩薩摩訶薩も亦復是の如し。此の海印の甚深なる三昧に住し、一切衆生と身平等の印を得、衆生と語平等の印を得、衆生と心平等の印を得るなり。**十方世界の諸仏の語業の妙法輪を転ずる菩薩は、皆海印より流るる所の口門の中において、平等に演説す。所説有るに随って皆諸仏の法印と違うこと無く、亦疑惑無し。能く法界の一切衆生をして、皆悉く悟解せしむるが故なり。此の印を説かば、諸の印の中の上なり。所謂婀〈上短〉字印は、一切の法性無生なるを以ての故に。乃至第四十二字に云く、瑟姹〈二合〉字印は、**

無辺無尽の体を悟解するが故に。善男子よ、菩薩は是の如き等の種種の法相を以て、諸字印の門を分別し演説す。善男子よ、是れを深入海印三昧陀羅尼門と名づく」と。広くは経文の如し[39]。

ここで普機は、海印三昧から示現する法を、婀字から瑟姹字までの四十二字門とする『守護国経』を引用している。この時に注意する必要があるのは、『五教章』で別教一乗（華厳三昧の教義）が海印三昧において開示されるとされていた点、そして空海が真言法教を「字門」としていた点であろう。と言うのも、この普機の解釈に従うならば、空海が密教と位置付けた真言法教と、海印三昧から示現した華厳三昧の教えとが、同じ内容となってしまうからである。

さらに『開心論』では、「『起信論』の釈」として、『弁顕密二教論』および『十住心論』にも引用されていた、『釈論』巻第十を引用しつつ、次のように述べている。

『起信論』の釈に曰く、「『大本華厳契経』の中に、是の如くの説を作す。其の円円海は諸仏を得す。勝なるが故に。其の一切仏は円円海を成就すること能わず。劣なるが故に」〈云々〉広くは中巻に説くが如し。**既に勝劣判ず。明らかに知んぬ華厳三昧門は余の一切教の摂せざる所なり**[40]。

ここで「『起信論』の釈に曰く」と引用されているのが、『釈論』巻第十からの引用箇所である。この箇所に対する『開心論』での具体的な論述は、中巻に記されていたようであるが、今日では散逸している。ここで普機は、『釈論』所引の架空経典である『大本華厳契経』の「円円海」と「一切仏」との勝劣関係を、「華厳三昧門」と「余の一切教」との関係に置き換え、「華厳三昧門」の優位性を主張している。この「円円海」は、『釈論』で絶対の果分とされる「不二摩訶衍法」のことであるから、普機のこの解釈は、「円円海」すなわち「不二摩訶衍法」を「華厳三昧」と見なすことが根拠となっている、と指摘することができる[41]。

しかしながら、空海は『釈論』巻第十のこの箇所を、不可説の果分である密教と可説の因分である顕教との優劣関係が述べられている箇所として解釈する。実際、『二教論』では、この『釈論』所説の「円円海」すなわち「不二摩訶衍法」が「密蔵の本分」と位置付けられていた。したがってその意味では、この普機の『釈論』解釈は、明らかに「華厳三昧」を密教と等しいものとする解釈になっている、と言うことができよう。

以上確認してきたように、普機の『開心論』では、海印三昧に於いて示現する華厳一乗の教義（華厳三昧門）を『守護国経』所説の四十二字門の引用で説明したり、『釈論』の一部を改変して引用することで華厳三昧を円円海（不二摩訶衍法）と等置するなど、空海の顕密対弁に呼応するかのような解釈が示されている。その意味では、こういった『開心論』の特徴もまた、平安時代最初期の華厳宗における「果分不可説」解釈の一環と考えてよいのではないであろうか。

まとめ

空海は自らが日本に伝えた密教を定着させるため、密教の教義的優位性を主張する顕密対弁をおこなった。それは、密教こそが果分、すなわち〈さとり〉そのものを開示する教えである、という観点からなされている。

その際に空海が用いたのが、法蔵の『五教章』における「因分可説、果分不可説」の議論である。『勧縁疏』や『二教論』では、法蔵が不可説と定めた果分こそを密教の領域とし、華厳宗に対する密教の優位性を主張していた。空海は華厳宗の教義を「華厳三昧」とまとめているが、それはあくまでも因位の境界であると論じた。

ところで、この『五教章』に見られる法蔵の「因分可説、果分不可説」解釈は、弟子の慧苑に批判されている。奈良時代末期の東大寺寿霊の『華厳五教章指事』にも、果分の解釈に関する異説が紹介されており、法蔵の解釈が当時の華厳宗内部でも議論されていたことがうかがえる。また、最澄はその著作の中で華厳一乗では説けない果分の教えこそが法華一乗である、と主張する。その一方で、三論宗の玄叡は「『華厳経』の中に果分が説かれていないわけではない」と反論している。

このように、平安時代最初期の日本仏教界では、この「果分不可説」をめぐって様々な議論が展開している。その潮流の影響を受けてか、華厳宗でも普機の『開心論』は、因分・果分の議論に関する見解とともに、『守護国経』や『釈論』が引用され、華厳教学と密教との近似性・同一性を主張する内容となっている。普機は「華厳三昧」を、『守護国経』に説かれる海印示現の四十二字門や『釈論』の不二摩訶衍法と見なすかのような解釈を示しており、空海の主張とは異なる形で「華厳三昧」を位置付けているのである。

『五教章』の冒頭で法蔵が論じた「因分可説、果分不可説」の議論は、平安時代の最初期の真言密教や天台宗などの新しい仏教が、従来の日本仏教の中で自らをどのように位置付けるのかという目的で用いられているように思われる。しかしながら、華厳宗もまた従来の「果分不可説」の教義に留まっていたわけではなく、様々な議論や解釈を通して、新しい時代の仏教に対応しようとしていた様子がうかがえる。

さまざまな思潮が混在した当時の日本仏教界において、華厳宗、天台宗、そして密教が問題にしたのは、果分は表現し得るか否か、という問題であった。それは言い換えるならば、平安時代の日本仏教が、果分すなわち〈さとり〉そのものをどのように考えるのか、という問題から始まった、と言うことにほかならない。

（どい　なつき・高野山大学）

註

（1）空海の華厳教学理解に関する研究は数多いが、今回は特に、①吉田宏晳『空海思想の形成』（春秋社、一九九三年）、②米田達也「空海における華厳教学の把捉─教判論を中心として─」（『南都仏教』第五八号、一九八七年）、③米田達也「空海の華厳深秘釈」（『印仏研』第四六巻一号、一九九七年）、④鎌田茂雄「特別講演　華厳と密教」（『智山学報』第四九輯、二〇〇〇年）、⑤藤井淳『空海の思想的展開の研究』（トランスビュー、二〇〇八年）などを参考にした。

（2）『勧縁疏』、定本弘全八、一七四頁。

（3）空海の法身説法について、「法身が説法する」という以上に、「自内証の境界が開示される」という点に力点がある。このことは『勧縁疏』に引用された『楞伽経』で「法仏といっぱ内証聖行の境界を説きたもう」とあることからも明らかであろう。このような観点から、空海の法身説法思想を論じた研究に、生井智紹「作用をともなう法身」（『密教学研究』第三四号、二〇〇二年）、および拙論「〈等覚十地不能入室〉考」（『空海研究』第四号、二〇一七年）がある。

（4）なお、同様の記述は法蔵の『華厳経探玄記』にも見られる。ただし、今回は『五教章』のものを中心に見ていくこととしたい。

（5）『二教論』巻上、定本弘全三、八二頁。／『五教章』巻第一、大正四五、四七七頁上。

(6)『二教論』巻上、定本弘全三、八二～八三頁。／『五教章』巻第四、大正四五、五〇三頁上。

(7)『二教論』巻上、定本弘全三、八三頁。／『五教章』巻第四、大正四五、五〇五頁下。

(8) 六十巻『華厳経』巻第三十七「離世間品」第三十三之四に、「仏子、菩薩摩訶薩は分別して十種の仏を説くことを知る。何らを十と為す。謂わゆる正覚仏、願仏、業報仏、住持仏、化仏、法界仏・心仏・三昧仏・性仏・如意仏なり」（大正九、六三四頁下）とある十仏。

(9) 同じく六十巻『華厳経』巻第二十六「十地品」第二十二之四に、「是の菩薩は衆生身を知り、国土見を知り、業報身を知り、声聞身を知り、辟支仏身を知り、菩薩身を知り、如来身を知り、智身を知り、法身を知り、虚空身を知る」（大正九、五六五頁中）とある十身。この菩薩が、第八不動地の菩薩であることから、解境の十仏を因分とする向きもある。

(10) 凝然（一二四〇～一三二一）の『五教章通路記』巻第二には、「此の十仏といっぱ、大宋の諸徳、義苑等の主、皆離世間品の成正覚の十種を引きて、此の十仏と為す。日域の先徳、指事等の主、亦離世間品の十仏を挙げ、元暁の疏に依って、広く其の相を明かす。復章主に依って、衆生等の融三世間の十身を挙げ之を釈す」（大正七二、三〇四頁上）とあり、この「十仏」を行境の十仏に限るか否かで、中国・日本の解釈に相違があったことを伝えている。なお、凝然自身は「今十仏と言うは、両種の十に通ず」（同頁上）と述べており、行・解二境の十仏と解釈しているようである。

(11)『二教論』巻上、定本弘全三、八二頁。

(12) ところで、空海の『五教章』引用では、おそらく意図的に省略したと思われる箇所がある。法蔵は、可説である縁起因分を普賢の境界と定めた直後に、「此の二は無二にして全体遍収せり。其れ猶し波水の如し。之を思いて見るべし」（『五教章』巻一、大正四五、四七七頁上）と述べており、因果の二分は、無二・全体遍収・波水のように相対的な観点からも捉えるべきであるとしている。このように法蔵は、因果二分を固定的に捉える見解を戒めているのであるが、空海はそのことを示す箇所を省略し、因分と果分との関係は固定的なものとして位置付けているのである。時代は下るが、江戸時代の鳳潭（一六五九～一七三八）の『華厳五教章匡真鈔』巻第一では、『五教章』に基づく空海の顕密対弁の議論について、「……即ち不可説は可説と異ならず。波水の喩を以て円融を知るべし。有るが云く、所謂因分可説とは顕教の分斉なり。果性不可説とは即ち是れ密蔵の本分なりとは、噫、此れは亦顕密の岐隔絶し、則ち隠顕倶成の一門の如くならずとは。何に況んや十玄の無盡をや。之を思え」（大正七三、三〇七頁中）と激しく非難している。

(13)『二教論』巻上、定本弘全三、八〇～八一頁。／『釈論』巻第一、大正三二、六〇一頁下。

(14)『二教論』巻上、定本弘全三、八一頁。／『釈論』巻第十、大正三二、六六八頁上。

(15)「八種の本法」とは、『釈論』で『大乗起信論』の立義分を、機根に応じて設けられた「前重八法八門」と「後重八法八門」に開く内の、前重の八法（①一体一心摩訶衍、②三自一心摩訶衍、③無量無辺諸法差別不増不減体大摩訶衍、④寂静無雑一味平等不増不減体大摩訶衍、⑤如来蔵功徳相大摩訶衍、⑥具足性功徳相大摩訶衍、⑦能生一切世間因果用大摩訶衍、⑧能生一切出世間善因果用大摩訶衍）のこと。ただし、今は機根に応じて設けられた三十二法門すべてを指していると見てもよい。

(16) なお、この『釈論』における不二摩訶衍法の設定には、註(12)で指摘したような『五教章』における因分と果分との相対的な関係を批判的に乗り越え、因分と果分とを決定的に区別するという意図がある、という指摘がなされている（早川道雄『釈摩訶衍論の新研究』（ノンブル社、二〇一九年）五四九～五八二頁）。

(17)『十住心論』巻第九、定本弘全二、二七六～二七七頁。

(18)『十住心論』巻第九、定本弘全二、二八一頁。

(19) 六十巻『華厳経』巻第六「賢首菩薩品」には、「一切示現して余り有ること無し　海印三昧勢力の故に……一切自在にして思議し難し　華厳三昧勢力の故に」（大正九、四三四頁下）とあり、法蔵の『華厳遊心法界記』には「華厳経を按じて云わく、『一切自在にして思議し難し、華厳三昧勢力の故に』とは是の如し是の如し。広くは経の弁ずるが如し。此の解行言を為すは名づけて華厳三昧と為す。其の果に拠るが如きは亦海印三昧と名づく。此れ即ち同時前後を名くと為し、頓現互融を目くと為す」（大正四五、四六二頁中）とある。その意味では、華厳三昧と海印三昧は因と果の関係にあると言える。なお、『華厳遊心法界記』の「華厳三昧」解釈については、小林實玄「『遊心法界記』における「華厳三昧」について」（『印仏研』二三―二、一九七五年）を参照。

(20)『十住心論』巻第九、定本弘全二、二八六～頁。／『華厳五教止観』、大正四五、五〇二頁中。

(21) 『十住心論』巻第九、定本弘全二、二七七頁。なお、この箇所からうかがえる空海の華厳宗理解については、前掲註(1)②米田論文に詳しい。

(22) 『十住心論』巻第九、定本弘全二、三〇四頁。この箇所に関する空海の解釈の特徴については、中村本然・後藤雅則「『釈論指事』解説」(『定本弘法大師全集』第四巻、密教文化研究所、一九九五年)を参照。

(23) 『十住心論』巻第十、定本弘全二、三〇八～三一〇頁。／『大日経』巻第二「具縁品」、大正一八、一〇頁上～中。

(24) 『十住心論』巻第十、定本弘全二、三二三頁。

(25) 『十地経論』巻第二、大正二六、一三三下～一三四上。

(26) 『続華厳経略疏刊定記』巻第十、『卍続蔵』三、七四四頁上。

(27) 『華厳経疏』巻第三十三、『大正』三五、七五五頁下。

(28) 慧苑の批判および澄観による救釈に関しては、吉津宜英『華厳一乗思想の研究』(大東出版社、一九九一年)三五三～三五六頁参照。

(29) 寿霊『華厳五教章指事』中巻本、大正七二、二三八頁下。

(30) なお寿霊は、『華厳一乗十玄門』の「言う所の果とは……謂く十仏世界海及び離世間品に十仏の義を明かす是れなり」(大正四五・五一四頁中)を引用していることから、この箇所の「十仏」を「行境の十仏」としているようである。ただし、「今助解して云く、凡そ此の経の中の所説の国土及び十仏の体に其の二分有り。一には実の国土海及び実の十仏自体に就いて、唯仏境界、仏智の所行をば、名づけて果分とす。三乗の中の、自受用身及び自受用土の如し。菩薩の所知に非ず。此れ亦是の如し。二には随相国土及び十仏身、菩薩の所知、菩薩の境界、名づけて因分とす。三乗の中の他受用等の如し。菩薩の所知なり。此れ亦是の如し。是れ則ち果分玄なるかに絶して不可説に当たれり。因分は機に約して、是れ則ち可説なり。一仏国土に随うて、此の二義有り。故に十地に二分有るが如し。之れに准じて知んぬべし」(大正七二、二三八頁下)と述べ、国土等には果分と因分の二種類がある、と会通している。

(31) 『法華秀句』巻上本、伝全三、三七～三八頁。

(32) 田村晃裕『最澄教学の研究』(春秋社、一九九二年)四八〇～四八一頁。なお、最澄は弘仁九年(八一八)の『守護国界章』でも『五教章』の「因分可説、果分不可説」の議論を用い、一乗が果分であることと主張している(伝全二、六二九～六三〇頁)。

(33) 『大義鈔』巻第四、大正七一、一六七上～中。なお、『大義鈔』におけるこの箇所の存在については、中村本然先生にご教示いただいた。厚く御礼申し上げます。

(34) 『大義鈔』巻第四では、この「三一権実諍論」の最後に割注で「上来の一条における問者は三論、答者は天台なり」(同右、一六八上)と記す。

(35) 『開心論』の先行研究としては、①高原淳尚「『華厳一乗開心論』にみる普機の華厳学について」(『駒沢大学大学院仏教学研究年報』第二二号、一九八九年)、②同「『華厳一乗開心論』における空海説の依用について」(『宗教研究』通号二七九、一九八九年)、③拙稿「『華厳宗一乗開心論』における〈円円海〉解釈」(『印仏研』五三—一、二〇〇四年)、④中村本然「普畿(機)と空海の交渉について」(『印仏研』六七—二、二〇一九年)がある。

(36) 前掲註(35)①高原論文、三五頁参照。なお、普機と海印寺道雄(?～八五一)の同一人物説を検討された研究に、岡本一平「『華厳宗所立五教十宗大意略抄』の成立背景」(『駒沢大学大学院仏教学研究会年報』第三一号、一九九八年)がある。

(37) 『開心論』巻下本、大正七二、一頁上～中。／八十巻『華厳経』巻第四十「十定品」、大正一〇、二一二頁上。

(38) 『開心論』では、聖言道理の一乗の因果について言及する箇所で、「十定品」における菩薩の定義、「此の菩薩摩訶薩は、已に能く去来今世一切の菩薩の種種の行願を修習し、智境界に入る。則ち名づけて仏と為す。如来の所に於いて菩薩行を修し休息有ること無きを説きて菩薩と名づく」(大正一〇、二一八頁下)を引用し、一乗は「因果に通ず」と論じている(大正七二、八頁中)とあることから、今の普賢菩薩の秘密身語意の境界も因果に通ず、と解釈されていると考えられる。

(39) 『開心論』巻下本、大正七二、三頁中～下。／『守護国経』巻第三「陀羅尼品」、大正一九、五三四頁下～五三五頁上。

(40) 『開心論』巻下本、大正七二、三頁下。

(41) 『釈摩訶衍論』巻第十のこの箇所では、架空経典『大本華厳契経』に加えて、同じく架空経典である『分流華厳契経』が引用され、三種世間をその身心とする盧舎那仏も不二摩訶衍法をおさめ取ることはできない、とされている。空海はその点を踏まえて、不二摩訶衍法を「性徳海の仏」、盧舎那仏を「種因海の仏」と解釈する。しかし普機のこの解釈では、『分流華厳契経』の引用文が省略されている。『開心論』では、聖言道理の箇所で「問うて云く、何ぞ此の三は一大毘盧遮那如来とす。答う。龍猛菩薩の云く、『分流華厳契経』の中に是の如き説を作す。盧舎那仏は三種世間を其の身心と為す。三種世間は法を摂して余無し。」と『分流華厳契経』が引用されているが、ここでも不二摩訶衍法との勝劣に関する部分は削除されている。このことから、普機は華厳三昧や盧舎那仏（融三世間仏）を果分と位置付けようとしているように思われる。

華厳と密教の底流

吉田叡禮

はじめに

密教は玄宗の代に金剛智（六七一～七四一、在京七二〇～）・不空（七〇五～七七四、在京七四六～）・善無畏（六三七～七三五、在京七一六～）によって唐の長安にもたらされ、安史の乱（七五五～七六三）の前後百年ほどがその最盛期に当たる。その間、一行（六八三～七二七）や恵可（七四六～八〇六）によって体系化が試みられたが、会昌の法難（八四五）を経て唐王朝の滅亡（九〇七）を境に中央から姿を消すことになった。

趙宋代（九六〇～一二七九）には新たに幾つかの密教経典が翻訳されるが、密教が再び隆盛することはなく、密教的要素は儀礼の側面に留まり、全体としては諸教の融合が進む。契丹の遼（九四七～一一二五）では、特に道宗代（一〇五五～一一〇一）において華厳に密教が組み込まれ、遼の仏教の主流を占めたかに見えるが、長く続くことはなかった。

中国において密教は、教相（教理）より事相（儀礼、儀軌、祈禱・修習法などの側面）にその特徴が見出され、密教の有用性として成仏体験よりも呪術的効験力が優先し、一宗としての教義を構築し大成するにはほとんど至らなかったのである[1]。

これに対し、日本の弘法大師空海（七七四～八三五）は、唐の長安へ留学（八〇四～八〇五）して恵可より金胎両部の大法を授かり、帰国後に真言密教としてその教理を体系的に構築大成することに成功し、さらにその位置付けを明確にした。そして今日に至るまで長く世に受け容れられている。空海がインド・中国の大乗仏教を吸収して、それらを改めて組み直し、事教二相を兼備する真言密教として一大大系を大成したことは、空海が仏教史上に特筆すべき一大巨匠として目される一つの大きな理由といえよう。

空海は法身説法や即身成仏、具体的には六大体大説・五相五智・四種曼荼羅・三密加持などを説く点において自らの真言密教の特徴と優越性を示した。ところが、その基底には大いに華厳教学を参照し接取している。華厳教学も、毘盧遮那仏を主尊とする点、真理の偏在を主張する点、円融無礙を説く点、法界の概念および本覚思想をベースに採り入れている点、一切を包摂するからこそ他に勝れているとする点など、華厳教学と空海の教学（真言密教）は、その思想基盤が共通している。

空海の教学を考察するとき、当時の南都における三論や法相などの議論の中にその特徴を位置付ける視点も必要であるが、既に優れた先行研究が有るので[2]、ここではあえて空海留学当時の中国仏教の動向に目を向け、甚だ不充分ではあるが少しく空海教学の思想背景を探ってみたい。その際に注目したいのは、空海よりも先輩で空海と時代を接し、その後にも中国仏教に広く影響を及ぼした中国華厳宗第四祖とされる澄観（七八八～八三九）、そして後の中国仏教の主流を占める禅宗の動向である。

澄観は五台山の大華厳寺において実叉難陀訳の八十巻本『華厳経』に注して『華厳経疏』を著したころから中央に名を馳せ、王室、官吏、節度使といった支配層から帰依を受け、七代にわたる皇帝（代宗・徳宗・順宗・憲宗・穆宗・敬宗・文宗）の師となって「七帝の門師」と称され[3]、国師となって僧統にも任じられている[4]。澄観は不空三蔵や般若三蔵と直接交流しており、その著作には不空密教の影響が見られ、特に観法において密教の有用性を認めている[5]。

また、密教の最盛期とちょうど同じ時期に安史の乱が起こり、不安定な政情の中、貴族社会の仕組みから離れて地方で自由に修行をする僧たちがいた。禅僧である彼らは、地方の節度使から帰依を受け、漢土の土壌に育まれた極めて中国的な禅宗を生み出した。禅宗は「以心伝心、教外別伝」を掲げて教説や因明を放棄し、さらに智に代わって日常における仏性の作用（機用）を重視した。彼らの思想背景は各人の活動地域や師系によって少しく異なるものはあるが、おおむねその当時のその土地における主流の思想を背景とし、それを日常に落とし込み具現することを旨としている。そしてこのころに主流であった思想こそ華厳思想であり、彼らが日常における仏性の作用を重視したのは、華厳思想が説く「性起」の日常における具現であったと筆者は考える。

一　空海の華厳理解

各経典間の相違を仏教全体の中に位置付けるため、中国では古くから教判（教相判釈）が行われてきた。教判には教えの内容によって分類するものや、教えの形式によって分類するもの、あるいは釈迦は説法の相手の資質（機根）に合わせて法を説いたことから時系に沿って整理するものなどがあり、ときには学派や所依の経論に優劣をつけることで自宗および自宗の所依の経論の優越性を証明するためにも用いられる。

華厳教学の教判には五教判（小乗教・始教・終教・頓教・円教）と十宗判がある。華厳学を大成し、中国華厳宗第三祖とされる法蔵（六四三～七一二）は、教判を説く目的で著した『五教章』や、六十巻本『華厳経』の注釈である『華厳経探玄記』などでこれを示している。法蔵の十宗判は、実際は五教判のうちの小乗教を法相宗の慈恩大師基が立てた八宗判に倣って六つの部派に開いたに過ぎず、始教・終教・頓教については、第七「一切皆空宗」（始教・一切諸法の空不可得を説く）、第八「真徳不空宗」（終教・一切諸法は真如の随縁であると説く）、第九「相想倶絶宗」（頓教・言語を離れた真理そのものを提示する）という名称を用いているが、その内容は五教判と同じであり順序もそのままである。

ところが、澄観は、その著『華厳経疏』ならびに『行願品疏』において教判を示す際、第七教の内容を空観（三論宗）から唯識（法相宗）に入れ換えて「三性空有宗」（始教・法相宗）と名づけ、第八教と第九教の順序を入れ替えて第八「真空絶相宗」（頓教・無相宗）、第九「空有無礙宗」（終教・法性宗）としている。つまり、法蔵の十宗判では五教判と同じく、小乗教・始教・終教・頓教・円教だったが、澄観は終教と頓教の位置を入れ換えたことになる[6]。彼の基本思想である四法界（事法界・理法界・理事無礙法界・事事無礙法界）を教判に反映した結果であると考えられる[7]。澄観は事事無礙を華厳の円教不共の教とし、真空絶相の境である理法界を頓教とし、理事無礙法界は終教として真如随縁思想をこれに当て、法華・維摩・涅槃などの経を配当する。

一方、空海は『秘密曼荼羅十住心論』（以下、『十住心論』）やその略本ともされる『秘蔵宝鑰』で、仏教以外の諸思想も含め、浅から深へと十段階に分けて密教の立場を明らかにしている。真理へと向かう心の成長過程として教判を示しているのは、『十地経』に発想を得ている可能性は指摘できるものの、教判としては極めて独創的であり、若き日に著した『聾瞽指帰』を継承して儒道二教を教判に組み入れることは華厳宗第五祖とされる宗密（七八〇～八四一）の『原人論』に先立つが、空海の十住心を澄観の十宗判と比較すると、大乗仏教に相当する教の順序が符合することに気づく[8]。これまで空海の教学を華厳学と比較する際、殆どの場合は法蔵の華厳学と対比され、特に澄観の教判との共通性については管見の限り従来指摘されたことがないようであるので、一応その対応関係を示しておこう。

澄観『華厳経疏』

(1) 我法倶有宗　小乗教 犢子部	
(2) 法有我無宗　小乗教 薩婆多部・儒道二教	
(3) 法無去来宗　小乗教 大衆部	
(4) 現通仮実宗　小乗教 説仮部	
(5) 俗妄真実宗　通大小乗教 説出世部	
(6) 諸法但名宗　通大小乗教 一説部	
(7) 三性空有宗　法相宗（大乗始教） 遍計是空，依圓有故。(二諦倶有宗)	
(8) 真空絶相宗　無相宗（大乗頓教） 心境兩亡，直顯體故。	
(9) 空有無礙宗　法性宗（大乗終教） 「互融双絶而不礙両存，真如随縁具恒沙徳故。」	
(10) 円融具徳宗　法性宗（一乗円教） 「主伴具足，無盡自在故。」	

空海『秘密曼荼羅十住心論』『秘蔵宝鑰』

(1) 異生羝羊心 煩悩にまみれた凡夫の境地	
(2) 愚童持斎心 儒家的人倫に目覚めた境地	
(3) 嬰童無畏心 道家的天上の楽を求める境地	
(4) 唯蘊無我心 小乗仏教の声聞乗の境地	
(5) 抜業因種心 小乗仏教の縁覚乗の境地	
(6) 他縁大乗心 大乗仏教の唯識法相の境地	
(7) 覚心不生心 大乗仏教の三論（一切皆空）の境地	
(8) 一道無為心（如実一道無為心） 大乗仏教の天台（諸法実相）の境地	
(9) 極無自性心 大乗仏教の華厳（真如随縁）の境地	
(10) 秘密荘厳心 真言密教の境地	

空海が『十住心論』および『秘蔵宝鑰』で示した第六住心から第九住心は、澄観が『華厳経疏』や『行願品疏』で示した十宗判のうち、第七宗から第十宗と対応している。

空海が澄観の教判を参照して影響を受けたかどうか定かではないし、空海には当時の南都における三論宗、法相宗や、最澄のもたらした天台宗に対する自身の主張が有ると考えるべきであるが、この符合は興味深い。

しかし、空海は第九「極無自性心」を華厳の境地とし、顕教の中の最高位に配当しつつも、その内容は「真如随縁」として解釈している。第十「秘密荘厳心」を真言密教の境地とし、それ以外の教え(顕教)よりも卓越していることを示すのは、自宗の優越性を示す教判として当然であるが、真如が縁に随って現象として顕現するという真如随縁の思想は、いわゆる如来蔵思想であり、華厳学においては諸祖に一貫して終教の領域に収められ、華厳の円教とは区別されている。

空海は『十住心論』で華厳に「極無自性心」について次のように解説する。

> 盧舎那仏、始め成道の時、第二七日に普賢等の諸大菩薩らと廣く此の義を談じたまえり。是れ即ち所謂花嚴經なり。爾らば乃ち、花藏を苞《か》ねて以て家と爲し、法界を篭《こ》めて國と爲す。七處に座を荘《かざ》り、八會に經を開く。此の海印定に入りて、法性の圓融を觀じ、彼の山王の機を照らして、心と佛との異らざるを示す。九世を刹那に攝し、一念を多劫に舒ぶ。一と多とは相入し、理と事とは相通ず。帝網を其の重重に譬え、錠光を其の隱隱に喩う。遂使《ついん》じて覺母に就いて以て發心し、普賢に歸して證果す。三生に練行し、百城に友を訪ね、一行に一切を行じ、一斷に一切を斷ず。初心に覺を成じ、十信に道を圓にすと云うと雖も、因果不異にして、五位を經て車を馳せ、相性不殊にして、十身を渾じて同じく歸す。斯れ則ち華嚴三昧の大意なり。……善無畏三藏の説ける此の「極無自性心」の一句、悉く華嚴教を攝し盡す。所以は何んとなれば、華嚴の大意は、始を原《たず》ね終を要《もと》むるに、眞如法界は自性を守らず隨縁せるの義を明かすのみ。故法藏師『五教』云…。
>
> (『大正蔵』七七・三五三b二六〜c一四)

すなわち、『華厳経』は盧舎那仏の成道二七日の法門であり、蓮華蔵世界を家とし法界を国として、七処に八会の法座を開く経であることを述べ[9]、「海印三昧」、「法性円融」、「性起」、「心仏不異」、「九世摂刹那」、「一念舒多劫」、「一多相入」・「理事相通」・「帝網重重」・「三生成仏」・「一行一切行・一断一切断」・「初発心時便成正覚」・「信満成仏」・「因果不異」・「五周因果」・「相性不殊」・「十身」、「華厳三昧」といった語で華厳教学を把捉している。また、華厳の教えは善無畏三蔵が説いた「極無自性心」という一句によって余すことなく表されているとして、「華厳の大意は、始を原ね終を要むるに、『真如法界は自性を守らず随縁するの義』を明かすのみ。」といい、華厳の教えは始終一貫して真如随縁を明かすものであるとおさえている。そして引き続き空海は法蔵が著した『五教章』三性同異義において真如随縁が説かれる箇所を引いている[10]。

さらに『金師子章』の全文、澄観『行願品疏』玄談教起因縁の因の十義中、六「宣説勝行」と七「令知地位」が部分的に引用され、最後に杜順説とされる『五教止観』の第五「華厳三昧門」の全文を引用するが、これらの箇所はいずれも真如随縁と法性融通が説かれる箇所に限定されている。

空海は華厳に相即相入・因陀羅無盡など真言密教と通ずる円融思想が有ることを理解し、華厳教学を顕教中では最上位に位置付けるが、華厳を真如随縁思想に限定することで、密教を高く位置付けようとしたのである。

ただし、「極無自性心」の冒頭で、

「極無自性心とは、今ま此の心を釈するに二種の趣き有り。一には顕略趣。二には秘密趣なり。」
（『大正蔵』七七・三五三b五～六）

と述べ、宗趣に顕略と秘密の二種があるとしている。秘密趣は『秘蔵宝鑰』では省略されているが、『十住心論』では普賢菩薩の自証の真言を挙げ、それに関する『大日経疏』の文を掲げ、さらに空海の真言密教で重視される『般若理趣経』、『般若理趣釈』、『起信論』、『釋摩訶衍論』、『守護国界主陀羅尼経』の文を引証している。このような態度は、極無自性心のみに見られ、第八住心以下には見られないことから、華厳教学を特別視していることは間違いない。

また、『秘蔵宝鑰』第十「秘密荘厳心」の最後に、

「『真言密教法身説』とは、此の一句は真言の教主を顕わす。極無自性以外の七教は、皆な是れ他受用・応化仏の説く所なり。真言密教の両部の秘蔵は、是れ法身大毘盧舎那如来、自眷属の四種法身とともに金剛法界宮及び真言宮殿等に住して、自受法楽の故に演説したまう所なり。」
（『大正蔵』七七・三七四c七～一一）

と述べ、異生羝羊心を除く第二愚童持斎心から第八「一道無為心」までは他受用身・応化身（変化身）の説く所であり、法身所説の真言密教とは教主が異なるが、「極無自性心以外」としている点は、これについて特に説明が無く不可解ではあるものの、やはり華厳を特別視していることが窺える。

『秘蔵宝鑰』では、極無自性心について頌して次のように述べている。

風水龍王は一法界なり。眞如生滅は此の岑に歸す。輪花は能く體大等を出だす。器衆正覺は極めて甚深なり。縁起の十玄は互いに主伴たり。五教を呑流するは海印の音。重重無礙は帝網にして喩う。隱隱たる圓融は錠光の心。花嚴三昧は一切の行。果會（界）の十尊は諸刹に臨む。此の宮に入ると雖も初發の佛なり。五相成身追尋す可し。
（『大正蔵』七七・三七二b九～一四）

つまり、最後の句に見られるように、極無自性心の宮殿（さとり）に入るとはいえ、第十住心に比べれば初発心の仏であることは、密教の観法である五相成身観を追尋することで知られるとする。

空海は、新来の密教が他に比して卓越していることを示す必要が

あったことは言うまでもないが、同時に華厳教学と真言密教が親和性を有していることを示唆してもいるといえよう。

なお、空海が顕教と密教を比較する際に引用する華厳の章疏は、杜順のものとされる『華厳三昧』（＝『華厳五教止観』）と『法界観門』、および法蔵の『五教章』、『金師子章』、『探玄記』である。法藏の師であり中国華厳宗第二祖の智儼（六〇二〜六六八）に関しては全く参照されていない。

澄観の著作については、空海が唐より持ち帰った経論儀軌の目録である『請来目録』に記載されていないにもかかわらず、『行願品疏』が引用されていることが注目されるが、『華厳経疏』は表立って引用されていない。しかし、『請来目録』には澄観の『華厳経疏』が見えており、空海が澄観の著作を閲覧していたことは間違いなかろう。[11]

澄観は不空三蔵と直接会って教えを受けており、[12]『華厳経疏』およびその復注として弟子たちのために著した『大方広仏華厳経随疏演義鈔』（以下、『演義鈔』）では、四十二字門について解釈する際に不空の著作を参照し、『大日経』や『金剛頂経』、『金剛頂経曼殊室利菩薩五字心陀羅尼品』を引証し、修觀の儀式として『大方広仏華厳経入法界品頓証毘盧遮那法身字輪瑜伽儀軌』の全文を引用してこれに譲るなど、[13]密教を採り入れている部分がある。さらには金剛界の三十七尊を列べて「然るに此の三十七尊に各おの種子有り、皆な是れ本師の智用より流出す。今の經中の海印頓現と大意は同じなり」と述べており、澄観は密教に対して実践面における有用性を感じていたことが窺える。[14]また、空海に梵字を教えたという般若三蔵が四十巻本『華厳経』を訳出した際、澄観はその訳場に列なって潤文の任に当たっており、皇帝に法を説き、国師の号を賜り僧都にも任じられているほどであるから、空海が留学した当時の長安で相当に名が知られていたことが想像される。少なくとも、空海が澄観の噂を聞いていたと考えるのが自然であろう。ただし、澄観はあくまで密教僧ではない。空海にとっては、彼の真言密教と華厳教学との差を示すために澄観は扱いにくい存在であったことも予想される。

二　法身説法か果分不可説かの問題について

空海は顕教と密教の差違を論じる際、法身説法の可否を基軸にしている。『弁顕密二教論』の冒頭に見られる次の文は、そのことを示している。

若し秘蔵『金剛頂経』の説に拠らば、如来の変化身は、地前の菩薩及び二乗凡夫等の為に三乗の教法を説き、他受用身は、地上の菩薩の為に顕の一乗等を説きたもう。並びに是れ顕教なり。自性受用仏は、自受法楽の故に、自眷属の与に各の三密門を説きたもう。之れを密教と謂う。此の三密門とは、所謂の如来内証智の境界なり。等覚・十地も室に入ること能わず。何ぞ況んや二乗・凡夫、誰か堂に昇ることを得んや。

（『定本弘法大師全集』三、七五頁）

すなわち、変化身が十地以前の菩薩や二乗・凡夫などの為に説いた教法が「三乗」であり、他受用身が十地に上った菩薩の為に説いたのが「顕の一乗」であり、これらはともに「顕教」である。これに対して、自性身・自受用身が「自受法楽」の故に自らの眷属のために説法する三密門（仏の身口意の働きに関する教え）＝「内証智（仏が獲得し、仏のみが味わうことのできるさとりの智慧）の境界」が「密教」であり、それは十地位や等覚位にある菩薩ですら聴聞することができない教えであるという。端的に言えば、空海による密教の定義は、法身が自受法楽として説く三密門である。そしてそれが密教が他に比して優れているとする根拠となる。これに比して、華厳教学では十仏の自境界である性海果分は不可説であるとしている典拠として、空海は法蔵の『五教章』の冒頭部分を引用して示している。

> 然るに此の一乗の教義分斉、開いて二門と為す。一には別教、二には同教なり。初の中に亦た二あり。一には是れ性海果分にして是れ不可説の義に当たれり。何を以ての故に、教と相応せざるが故に。即ち十仏の自境界なり。故に『地論』に「因分可説、果分不可説」と云うは是れなり。二には縁起因分にして、即ち普賢の境界なり。此の二は無二にして全体遍収せり。其れ猶お波水の如し。之れを思うて見る可し。
>
> （『大正蔵』四五・四七七上一〇～一六）

すなわち、華厳一乗の教と義とについて、他の教に比して別異している側面をいう別教と、他の教えへと流出し寄同していく同教とに分け、別教には性海果分と縁起因分があるとして、性海果分は不可説なる義であり、如来の自境界であって教と相応しないという。その論拠として、世親の『十地経論』が「因分可説、果分不可説」と述べていることを挙げる。一方、縁起因分については普賢の境界であり説くことができるとする。そして、性海果分と縁起因分は二にして無二であり、水と波との関係のように、全体に遍き、また収まるのだという。

ここで法蔵が引用する『十地経論』の一文「因分可説、果分不可説」は、原文にそのままの文句は出てこない。該当する世親の『十地経論』では、『十地経』の偈に「空中の鳥の跡の如く，説き難く見る可からず。十地義も是くの如し，説聞することを得可からざるに，我は但だ一分を説くのみ」とある箇所について、次のように解釈している。

> 前に「十地の義は是くの如く説聞すること得べからず」と言い、今は「我は但だ一分を説くのみ」と言う。此の言に何の義有りや。是の地の所摂に二種有り。一には因分、二には果分なり。「説く」とは謂く解釈なり。「一分」とは、是れ因分なり。果分に於いて一分と為す。故に「我は但だ一分を説くのみ」と言う。
>
> （『大正蔵』二六・一三三c二九～一三四a三）

十一偈半から成る『十地経』の偈の前半六偈半では、十地の義（内容）が甚深であることを説いており、その部分を『十地経論』では義大と呼び、金剛蔵菩薩がその甚深で難解なる十地の義の一分を説くことを宣言する偈の後半を『十地経論』は説大と呼ぶ。そして、十地に因分と果分があるとし、果分（義大）は「不可説聞」であるが、「一分を説く」の「一分」とは因分（説大）のことであると説明している。『十地経論』では因分は果分のうちの一分という趣旨で解釈されているが、法蔵はこの箇所の意味を「因分可説・果分不可説」と解した。

吉津宜英はこのことについて法蔵が『華厳経』に注して著した『探玄記』の十地品解釈を含めて詳細に分析した上で、次のようにまとめている。

『十地経論』の原意は「不可説なる果分も、その一分は因分として可説である」というものであったが、この法蔵の成句ではそのような因果の連関が断ち切られ、いかにも因果が截断されたかに見える。……そこには『華厳経』の十仏の境界が思議や言説の及ばない高いものであるということも含意されていることは言うまでもない(15)。

吉津氏が指摘するように、法蔵は華厳別教一乗の性海果分の至上性を強調するあまりに、因分と果分の連関性を断ち切る結果を見せていることは否めない。

また、法蔵の弟子である静法寺の慧苑は、十地を菩薩地の範囲で捉え、果分の範囲ではないとするのであるが(16)、澄観は慧苑の解釈を批判し、法蔵の解釈に戻す体裁をとりつつ、しかし法蔵よりも『十地経論』の解釈に忠実な姿勢を見せる。

説とは解釋と謂う。一分とは是れ因分なり。果分に於いて一分と爲すを以ての故に。然るに因果二分は古より多釋有り。全く文旨を乖うものは今は論ぜざる所なり。通ず可き有るは正にして之を用いん。直ちに論意に望めば、即ち義大を指して果分と爲す。故に不可説なり。説大を因分と爲す。是れ則ち可説なり。

更に義を以て取るに略して二種有り。一には唯だ十地に就いて以て明かすに、證智を以て果分と爲し、方便寄法等は並びに因分と爲す。此れに復た二義あり。一には修證相對を以てす。則ち方便造修を因分と爲し、修を息め實に契うを果分と爲す。二には詮表相對を以てす。則ち法に寄せて地の差別を顯わすを以て因分と爲し、眞實證智を果分と爲す。初の三地の如きは世間に寄同し、次の三は二乘及禪支道品等に寄す。衆をして此に因り地の義を表解せしむ。因の爲に表さる所の證智は是れ此の因の果なり。斯れ皆な證智にして言の及ばざる所なるが故に不可説なり。彼の鳥迹の虚空に同ずるが如し。方便寄法して言を以て顯す可し。故に可説と云う。空中の鳥迹、鳥に約して異を説くが如し。

是こを以て、一には迹通して二分有り。即ち可説と不可説なり。二には究竟の佛果に約して普賢の因に對し、説と義は一部に通ず。謂わく、即ち此の證智、冥に究竟果海に同ずるを果分と爲す。迹處の空は太空に異ならざるが如し。地相の因は普賢の因に同ず。以て廣説せば則ち無量差別の事有り。殊勝の願力、復た此を過ぐるが故に。是れ則ち迹處の空、空處の迹に隨う。亦た説と義と有り。地智も亦た言に寄せて標擧す可きが故に。

問う、上の論に云わく、「是の地の所攝に二有り」と。如何が説もて究竟果と爲すや。答う、豈に向に冥に果海に同ずと言わざらんや。故に上の論に云わく、「此の智は是れ誰の證なるや。偈に佛の所行と言うが故に」と。又た上の加分に不思議佛法と云う。又た地影像分に云わく、彼の十大山、大海に因て大海と名づくるを得、亦た十山に因て菩薩と名づくるを得。十地も亦た爾り。同じく一切智に在りて、一切智に因り名を得。彼の因果相順なるが故に。是れ知んぬ、論主は亦た究竟の果を用て十地の攝と爲す。有るが云わく、「彼の十山は海に依ると説くも、大海は即ち山なりとは說かず」とは、大海の十徳、豈に海を離れんや。寶珠の十義、豈に珠を離れんや。明らかに知んぬ、此の難を爲す者は地智の旨を見ざると。又た且く一相に依りて指陳す可からず。等しく不可説及び可説と云う。若し因縁有らば故に果は寄せて言う可し。事に即して玄に入る。因も亦た說き叵きが故に、「少分を説く」と云うなり。

（『大正蔵』三五・七五五c三〜七五六a四）

ここで「義大＝果分＝不可説」、「説大＝因分＝可説」とし、さらに十地のみについて言えば、証智を果分とし、方便や寄法はともに因分とするのは法蔵の『探玄記』の解釈に準じている。さらに『十地経論』は「究竟なる果分が十地にいきわたっている」と捉えていることを強調し、「有るが云わく」として提げる静法寺慧苑が十地の果は十地とは異なるとする説について、それは十地の智慧の意味を理解していないと斥ける。また、一つの相のみから述べるべきではなく、因と縁とが有れば果に寄せて言説できると述べ、ただし説くのが難しいから少分（一分を言い替えたもの）というのだと締めくくっている。

慧苑への批判の箇所について、澄観は『演義鈔』において自ら註して次のように述べている。

先に問うは即ち『刊定記』主、師を難ずるなり。後に「豈不」の下は答うるなり。答うる中、即ち今疏は昔の大義を扶く。中に於いて二あり。一には總呵。既に冥に果海に同ずるに、豈に地の攝に非ざらんや。能所の同ずること有り。因果は一に非ざるも、既に冥に同ずと曰うは、則ち因果は異に非ず、非一非異にして真の地智たり。

（『大正蔵』三六・四五三a一九〜二四）

すなわち、『十地経論』に「是の地の所摂にに有り」と言っているのに、どうして説大が究竟の果分になるのかという問いは、『刊定記』の著者である慧苑による法蔵への批判であり、澄観は「昔の大義」すなわち法蔵の説を扶けるとして、「冥に果海に同ずる」からには、どうして十地の摂ではないというのかと慧苑を呵し、因と果が非一非異であってこそ真の十地の証智であると述べている。

つまり澄観は、十地の説大は因分であり、究竟果分（義大）は不可説であることを認めつつ、因果不二の立場から因分と果分の連続性を保持している。

このことは、釈迦成道後二七日に説かれたとされる『華厳経』が何故初七日に説かれなかったのかという問題とも関連する。法蔵の『探玄記』は説時について、次のように解説する。

初七日は定めて說法せざるを以て、『十地論』に「何が故に初七日に說かざる。思惟行・因縁行の故に」と云う。既に思惟と言わば明らかに知んぬ、説法するには非ずと。設し救有りて、只だ十地を説かざるのみにして餘法を説かざるには非ずと言わば、則ち思惟と言うを得ざるなり。下の論又に「己の法樂を顯さんが為、是の故に説かず」と釋す。故に知んぬ、初七は定めて説くには非ざるのみ。

（『大正蔵』三五一二七b二九～c五）

法蔵は、『十地経論』に「思惟行・因縁行の故に」と「自の大法楽を顕わすが故に説かず[17]」あることを典拠として、「思惟」というからには説法ではないと断言し、それは「己の法楽」（自受法楽）を顕わす為であり十地品に限らず説法はしていないという。この「思惟行」と「因縁行」について澄観は、『華厳経疏』で次のように言う。

『論』に「思惟行・因縁行故」と云う。因とは能説の智、縁とは所化の機なり。所得の妙法を将て以て物機を逗めんと欲するが故に思惟行と云う。故に『法華』に「我が所得の智慧、微妙にして最も第一なり」と云う。思惟は因なり。

（『大正蔵』三五・a一一～六）

法蔵が思惟行に着目して不説の根拠としたのに対して、澄観は因縁行に着目し、因は能説の智、縁は所化の機であり、自らが得たさとりで衆生の機根をとどめようと欲したからだとする。澄観が前に因分・果分の解釈をした際に、「若し因縁有らば故に果は寄せて言う可し」と述べていた「因縁」が所得の智と所化の機であったことがわかる。智と機がそろえば自受法楽にあって法が説かれると澄観は言うのである。

三　成仏論の連続性

仏道修行者にとって、如何にして成仏するかは大小・顕密を問わず最重要課題である。

華厳教学は「円融無礙」（相即相入や重重無盡の縁起）と「性起」（仏性顕在の成仏）の二大柱で成り立っている。当然、この二つは関連しあっており、華厳教学における成仏論は、衆生と仏の不二、無盡無礙（因果無二・因果同時・因果同体）を前提とし、性起説とともに、旧来成仏（本来成仏へ）を基本に据えて論じられる。すなわち、『華厳経』梵行品の「初発心時便成正覚」や入法界品の善財童子一生成仏の問題をめぐり、成仏の位次については「信満成仏」、時間的には「不定の成仏」、段階的には「三生成仏」（見聞位→解行位→証果）が論じられた。その道筋は、智儼によって全て準備されていたが、その後の諸祖によってそれぞれ重点の置き所は異なり、三生成仏（法蔵）、二生成仏（澄観・宗密）、一生成仏（李通玄・澄観）が議論される[18]。しかし、これらは経典上の解釈である。実践的には畢竟、現実のこの身このままでこの一生において悟りに至る「現身成仏」へと向かうのは必然であろうし、華厳学ではそれを可能にするのは「一念成仏」、「無念成仏」であり、時間的には「速疾成仏」となる。

こうした議論を背景に、安史の乱の後に活躍したのが禅宗の人々である。特にその節目となるのが澄観と完全に活躍時期が重なるが江西で活躍した馬祖道一（七〇九〜七八八）である。

馬祖が常に人びとに対して説いていた「即心即仏」・「是心是仏」が、『華厳経』夜摩天宮菩薩説偈品の「心仏及衆生、是三無差別」に基づくのは明らかであり、よく知られる「平常心是道」という彼の言葉も『起信論』の「衆生心」に基づいていると考える。

馬祖および馬祖以降の禅に共通して特徴的なのは、教説や因明を離れて、仏性の作用を日常に具現する点にある。それは禅宗の人々が「経論上の理論を日常に落としこむ」ことを大切にしていたからにほかならないが、仏性の作用（機用）を重視しているのは華厳の性起思想を背景としており、因明（論理・弁証）の放棄は即時的な悟り（頓悟）を旨として一念・無念の成仏を体現しようとする志向の具現化と言える。馬祖および臨済宗の祖となる臨済義玄（?〜八八六）の「無事」の思想もそうした動きの中で生まれ、法界や真如への探求から「人」がクローズアップされた[19]。

まとめ

以上、空海の真言密教と華厳教学（特に澄観）との親和性という観点から、教判と成仏論について概観した。

空海の思想の背景には澄観の華厳教学との連続性が窺える。しかし、空海は留学当時の長安仏教を正しく摂取した上で、それまでに培われてきた仏教思想を組み直し、森羅万象を法身の身語意と捉えることで、三密加持を通じて果海（さとり）への直接的趣入を可能にする独自の実践と思想大系を大成した。空海は決して特異な説を創出したわけではなく、従来の教理の蓄積を継承し、留学当時の長安仏教に正しく立脚し、しかもそれをそのまま移植するに留まらず、その上に真言・陀羅尼や曼荼羅の世界を編み、中国において未だ完全には実現し得なかった密教を実践（事相）と思想（教相）の両側面において体系づけることに成功したのである。

空海の真言密教に限らず密教全体の一大特徴として、これを三密瑜伽、すなわち手に印を結び、口に真言を唱え、意に仏を観想する行為を通じて、衆生の身語意（三業）と仏の身語意（三密）が一つになる修法に見出すとき、こうした具体的作法を有する三密行（有相の三密）は究極的には日常のあらゆる行為（三業）が法にかない（如法）、仏・菩薩の行為（事業）となっていかねばならない。つまり、三密行を熟練していくことで、意識的に修法している間だけでなく、日常の行為が仏の行為となることを体現し、自らが菩薩となって日常の中で活動し続けていくのであり、これを「無相の三密」という（後の真言教学の中で現れる語ではあるが）。この無相の三密を体現するに至ってはじめて我々が意識すると意識しないとに関わらず、我々の行為そのものがとりもなおさず毘盧遮那仏（大日如来）の行業であり、こうした社会のあり方が本来的に曼荼羅世界そのものであるという自覚に至る。

これに対して、あたかもバトンを密教から渡されたかのように安史の乱の後に隆盛していく禅は、教理に関する議論を離れ、あくまでもありふれた人の日常に重点を置き、機用（はたらき）を重視する。禅は密教のように「有相の三密」を媒介せず、ただちに「無相の三密」をそのまま日常に具現する方向へと進んだ。

中国では華厳から禅へと推移していくちょうどその間の時代に密教が位置する。中国の密教は三密加持とそれによる祈禱・儀礼の有用性が優先され、一宗としての教理が大成されるには至らなかったが、安史の乱を境に禅が隆盛し、全ての理論を「心」に集約しつつ平凡な日常においてさとりを具現していく方向へと進むのである。

中国思想全体に視野を広げれば、中国思想とはその一面において一貫して「天」と「人」との関連性（天人相関論）の追及であるということができるが、安史の乱の後、貴族社会が崩壊していく中で、天に対する概念が転換し、世界構造の主体が天から人へと移る[20]。そして、仏教思想もそれに連動して同じ動向を見せている。仏教者においてそれは「自己」（因）と「仏」（果）、および衆生（有情）と国土（法界）の相関という問題であった。空海もまたそうした中国仏教の動向を摂取・継承している。たとえば空海が『即身成仏義』に記した「我身」・「仏身」・「衆生身」の本質的同一性（三平等）はまさにそれである。ただし、中国仏教では「身」や「語」よりも「心」に重点が置かれるが、これに対して日本では「身」に重点が置かれている点も興味深い。それは自然を崇拝し、自然の中で自然とともに生きる日本文化の特性の表れかもしれない。

宗派的視点を除き、空海の真言密教と華厳教学とを「八世紀の東アジアに展開した仏教思想史」という視点で俯瞰したとき、華厳・密教・禅は、それぞれの特徴を有しつつも、その基底において一つの思想の流れとして連関しあうダイナミックな様相が見えてくる。

（よしだ えいれい・龍谷大学）

註

（1）立川武蔵・頼富本宏〔編〕『シリーズ密教3中国密教』（春秋社一九九九年十一月）七頁。

（2）土居夏樹「平安時代初期における法身説法説の受容」（『印度學佛教學研究』五一―二、二〇〇三年三月）は三論宗の玄叡との対比から法身説法説を検討し、同「華厳宗一乗開心論』における「円円海」解釈―『弁顕密二教論』との関連を通して―」（『印度學佛教學研究』五三―一、二〇〇四年十二月）は華厳宗の普機との対比、同「『弁顕密二教論』における『楞伽経』法仏説法の解釈について―特に法相教学との対比を通して」（『密教文化』二一五、二〇〇五年）は、護命ならびに鎌倉時代まで視野に入れて法相宗と対比し、さらには中国華厳宗の法蔵・慧苑・李通玄における無情成仏説にまで言及している。また、同「空海「法身説法」その背景と動機」（『南都仏教』八四、二〇〇四年）および藤井淳『空海の思想的展開の研究』（トランスビュー、二〇〇八年四月）は、法身説法を主張した背景を法相宗と三論宗の空有論争に見出している。

（3）澄観の碑文『妙覚塔記』「歴九宗聖世、為七帝門師。」『仏祖統紀』にも同じ文言が見える（『大正蔵』四九・二九三b二七）。

（4）鎌田茂雄『中國華厳思想史の研究』（東京、東京大学出版会、一九六五年三月）第四章「清涼澄観の社会的立場」第六節「澄観の歴史的社会的立場」。盧在性「僧統澄観とその生歿年代について」（『印度學佛教學研究』三八巻一号、一九八九年十二月）。

（5）澄観による密教の依用については、遠藤純一郎による下記の論文に詳しい検討がなされている。「澄観と密教―『大方広仏華厳経疏』に見られる密教的要素―」（『智山学報』五三、二〇〇四年三月）、同氏「澄観と密教―『大方広仏華厳経随疏演義鈔』に見られる密教的要素―」（『智山学報』五四、二〇〇五年三月）。「澄観と密教―密教との邂逅―」（『智山学報』五五、二〇〇六年三月）。

（6）吉津宜英『華厳禅の思想史的研究』（東京、大東出版社、一九八五年三月）第四章「澄観の華厳教学と禅宗」第一節「教判と宗趣」二二八頁参照。

（7）吉津宜英前掲書、第四章「澄観の華厳教学と禅宗」第二節「四法界説」二三七頁参照。

（8）なお、華厳である円教は諸教を該羅融摂して諸教に流出・寄同し、諸教は究極的には円教に帰入する。だからこそ円教は他の諸教とは卓絶しているとする。円教において華厳以外の諸教を該摂し諸教が華厳に帰入する立場を同教といい、諸教に比して卓絶していることを名づけて別教という。これを教判と捉えて「同別二教判」ともいわれるが、実際は円教の作用（はたらき）と在り方を示したものと捉えるのが妥当であろう。『十住心論』では、密教が他の諸思想を包摂していることから「九顕十密」の立場が示され、『秘蔵宝鑰』では顕密を峻別して「九顕一密」の立場が示されているとされる。この点もまた華厳教学における同別二教と類似している。

(9) 七処八会は東晋・仏駄跋陀羅訳『華厳経』六十巻の構成であり、澄観が注釈した唐・実叉難陀訳の『華厳経』八十巻は七処九会であるから、空海は六十巻本の『華厳経』を読んでいないとも受け取れるが、当時の日本では六十巻本『華厳経』が主流であったから、空海はこのように書いたと考えるべきであろう。

(10) 「善無畏三藏説」は、『大日経疏』巻三「如説極無自性心十縁生句。即摂『花厳』『般若』種種不思議境界、皆入其中。」を指していると考えられる。

(11) 「論疏章等都三十二部一百七十巻」の筆頭に澄観の『華厳経疏』三十巻を挙げ、さらに『華厳十会』一巻・『大方広仏華厳経品会名図』一巻・『華厳会請賢聖文』一巻・『金師子章幷縁起六相』一巻・『杜順禅師会諸宗別見頌』一巻を載せている（大正蔵五五・一〇六四上）。ただし、『十住心論』で引用されている澄観の『行願品疏』に相当する文献名は、ここには記されていない。そのほか、「新訳等経都一百四十二部二百四十七巻」のうち、不空訳の『普賢行願讃』一巻五紙・『華厳入法界品四十二字観門』一巻六紙・『華厳経入法界品頓証毘盧遮那字輪瑜伽儀軌』一巻、般若訳『新訳華厳経』一部四十巻六百一十二紙、実叉難陀訳『華厳経心陀羅尼』一巻が華厳に関する経論儀軌である。

(12) 澄観『演義鈔』に「余、親しく三蔵に問う」と述べて興善三蔵すなわち不空から直接聴いたことを述べている。「疏亦有傳云者。即興善三藏譯。余親問三藏有同此說。令欲會意故前收四說。」（『大正蔵』三六・二一二c一七〜一九）。清の続法『法界宗五祖略記』によれば、代宗の大暦三年（七六八）に詔を奉じて入内し不空三蔵の訳経に参与している。「迨代宗大歷三年。詔師入內。與大辨正不空三藏。於大興善寺譯經。命為潤文大德。」（『卍新纂大日本続蔵経』七七、六二三a二〇）。『妙覚塔記』には、「代宗大歴（暦）戊申歳訳経」とあるのみで不空の訳場とは書いていないが、少なくとも澄観が不空に直接面会して教えを受けていることは澄観自身のことばによるので間違いない。

(13) 澄観『演義鈔』（『大正蔵』三六・六九二a五〜b三）

(14) 鎌田茂雄「華厳と密教」（『智山学報』六三、二〇〇〇年三月、九頁）は、「澄観の場合には華厳の法界縁起の究極と密教の観法的なもの、儀軌類の世界とを一つにしている。…（中略）…一言でいってしまえば、中国の仏教では華厳の究極と密教の究極はイコールだということです。それを第九に置いて、その上にまた密教を乗せるというような天才的な弘法大師の組織能力は、中国人にはなかったといっていいのではないかと思います。」と指摘している。

(15) 吉津宜英『華厳一乗思想の研究』東京、大東出版社、一九九一年七月）第五章「別教一乗の教学の帰趨」第二節「因分可説と果分不可説」三五八頁）。

(16) 吉津宜英前註掲書、三八三〜三八四頁。

(17) 『十地経論』初歓喜地第一之一「何が故に初七日に説かざる。思惟行・因縁行の故に。本より他の成道に利せんが為なり。何が故に七日思惟して説かざる。自の大法樂を楽しむを顕示するが故に。何が故に己の法樂を顯わす。衆生をして如來に愛敬心を増長せられんが為の故に。復た是の如き妙樂を捨て衆生を悲愍するを説法と為すが故に。」（『大正蔵』二六a一一〜一六）

(18) 智儼の成仏論については、木村清孝『初期中国華厳思想の研究』（東京、春秋社、一九七七年十月）大二篇「智儼とその思想」第七章「成仏道の実践」を参照。法蔵の「旧来成仏説」および宗密の「本来成仏説」については、吉津宜英『華厳禅の思想史的研究』（東京、大東出版社、一九八五年三月）第一章「華厳教学の成立」第五節「法界縁起の成仏論」および第五章「宗密における華厳禅の成立」、村上俊『唐代禅思想研究』（『花園大学国際禅学研究所研究報告』四、第一部「初期禅宗思想と中国仏教」を参照。李通玄の三生成仏については、荒木見悟「李通玄の立場」（『福岡学芸大学紀要』二、一〇五三）、宗密の頓悟禅宗論については、荒木見悟『仏教と儒教』（京都、平楽寺書店、一九六三年）第二章「円覚経の哲学」第二節「頓悟禅宗」が参考になる。なお、華厳諸祖の三生成仏説を明解にまとめた論文に、馬淵昌也「唐代華厳教学における三生成仏論の展開について」（『駒沢大学仏教学部論集』三六、二〇〇五年十月）がある。

(19) 鈴木大拙「臨済禅の基本思想—臨済録における「人」思想の研究」（中央公論社、一九四九年）、小川隆「語録のことば—唐代の禅—」（禅文化研究所、二〇〇七年）。なお、日本においても南北朝期以降、東大寺戒壇院の華厳学僧たちが、しきりに果分の可説を論証しようと務め、さらに毘盧遮那法身の活動を現実の事象の世界に読み込もうとする動きを見せることが、野呂靖氏の研究によって明かされている。野呂靖「南北朝・室町期の戒壇院における華厳学の変容―論義「果分説否」の検討を中心に―」(『室町時代の東大寺』ザ・グレイトブッダ・シンポジウム論集第十九号、二〇二二年十一月)このことは、直接的には空海の真言密教を意識したものであろうが、そのころ中国からもたらされた禅の直接的影響が無かったとしても、中国において華厳および密教を乗り越えて主流となっていった禅と同じ方向性を示していることは興味深い。

(20) 溝口雄三「異と同の瀬踏み―日本・中国の概念比較、四、中国の「天」」上・下(『文学』五六号、岩波書店、一九八七年十二月・一九八八年二月)、溝口雄三・池田知久・小島毅『中国思想史』(東京大学出版会、二〇〇七年九月)

全体討論会「東大寺と弘法大師空海」

令和五年（二〇二三）十一月二十六日

総合司会　木村　清孝（東大寺華厳学研究所所長・東京大学名誉教授）
パネラー　武内　孝善（高野山大学名誉教授・空海研究所所長）
堀　裕（東北大学）
原　浩史（慶應義塾志木高等学校）
土居　夏樹（高野山大学）
吉田　叡禮（龍谷大学）

進行　時間となりましたので、総合討論会に入りたいと思います。総合討論の司会、進行をしていただく木村清孝先生をご紹介いたします。木村先生は東大寺華厳学研究所所長であり、東京大学名誉教授でいらっしゃいます。一九四〇年生まれ、東京大学博士課程を終えられ、初期華厳宗の研究で東京大学文学部博士課程の学位を取得されています。国際仏教大学院大学学長、鶴見大学短期大学教授、学長も務められています。仏教伝道協会会長にも就任されています。それでは木村先生、よろしくお願いいたします。

木村　皆様、こんにちは。これから始まります総合討論会の司会を務めさせていただきます木村でございます。この会は二十一回目になりますが、初回からずっと、何か因縁があったのか、私が委員長として中心的な立場で関わらせていただいてきております。

けれども、今回はそれに加え、ただいまご紹介にありましたように、本討論会の司会の大役が回ってまいりました。自分の研究者としての立場に照らせば、われながら、心もとないところも少なからずあるのですが、私自身が新しい分野を学ばせてもらうつもりでお引き受けした次第です。今回は十分な時間を頂戴していますので、できるだけ充実した総合討論会にさせていただきたいと思います。最後まで、どうぞよろしくお願いいたします。

さて今回は、ご覧の通り、ご講演、ご報告をしていただいた先生方にご発表の順に並んでいただいています。そこでまず最初に、順にご自分がお話された内容に関して「このことを補足したい」など、追加のご発言のご希望がございましたら、お伺いしたいと思います。よろしいでしょうか。

武内　昨日、空海が入唐する前に、すでに空海の一族から数名の者が南都に出てきて、仏道修行を始めていたことをお話ししました。その特色は、空海一族の出身者は一つの寺に集中するのではなく、大安寺や東大寺、興福寺といった諸寺に散らばっていたことでした。一方、母方の阿刀氏から出た僧たちは、すべて興福寺、つまり法相宗を学んでいました。したがって、阿刀氏出身の僧と空海一族出身の僧とのあいだで、寄宿した寺に相違がみられることを、いかに解すればよいか。これが、一つ問題になるかと存じます。

本日、嵯峨天皇の命により東大寺に灌頂道場、現在の真言院ができるお話がありました。この灌頂について、申し上げます。わが国における灌頂、灌頂儀礼、灌頂道場の初期のものは、正直なところよく判っておりません。空海が唐に渡り、足かけ三カ月という短い期間に、恵果和尚から三度にわたって灌頂を授けられました。そして、恵果和尚が所持しておられた、インド直伝の密教（あえて密教と申しますが）のすべてを譲り受けて、持ち帰られました。空海が三度にわたって灌頂を授けられたということは、ただ「灌頂を授けられた」と書かれているだけで、いかなる次第を用い、何をどのように授けられたのか、といった具体的なことを知る手がかりは、全くございません。

また、空海はわが国に帰られてから、平城上皇などに灌頂を授けられました。今日もお話にありましたように、平城上皇に真言院の灌頂道場において灌頂を授けたことは、ほぼ間違いないだろうと言われてきました。だが、このことも、ただ「灌頂を授けたであろう」ということだけで、いつ、どこで、何をどう授けたか、具体的なことを知りうる記録も史料もございません。したがって、今日、我々が知りたいことのほとんどが、判っておりません。資料「平城天皇への灌頂授法をめぐって」のところに、空海が行った灌頂についての問題点や、ほぼ推察できることをまとめておきましたので、ご参考になさってください。

灌頂道場は、灌頂を行うための密教独自のお堂であり、密教空間であります。空海が創った灌頂道場は三つ、すなわち、東寺灌頂院、宮中真言院と東大寺真言院であり、この三つが一番古く、空海に関わりのある灌頂道場であります。なかでも、東大寺真言院が一番早く計画されました。

二七頁に東寺灌頂院の差図をあげておきました。初期の灌頂道場を考えるうえで、参考になるのが、この差図であると考えます。

創建当初の東大寺真言院については、承和三年（八三六）五月九日、二十一僧を置き修行すべきことを命じた太政官符と、同年閏五月三日、二十一僧の交名を記した僧綱牒が残るだけであり、詳細は不明であります。平安時代末の史料によると、①金剛界と胎蔵界の曼荼羅が安置され、②インド・中国・日本に密教を伝えた八人の祖師像がかかっていたとあります。それは、二七頁にあげた東寺灌頂院の差図にも密教を相承した数多くの祖師・先徳の名がみられ、それらの画像が描かれていました。初期の灌頂院の基本的な構造は、東寺灌頂院の差図によってイメージしていただければよいかと存じます。

私が東大寺真言院の灌頂道場をご案内いただいたとき、部屋に入った瞬間、東寺の灌頂院とまったく同じ構造だ、との印象を強く持ちました。仏像は何一つなく、東西の両側に曼荼羅をかけ、その前に修法を行う大壇がしつらえられていました。灌頂道場には、仏像は安置されていなかったと考えられます。

木村　ありがとうございました。他の先生方から付け加えることがありましたらお願いいたします。

堀　資料的なことで二つ、補足とそれから後でご教示いただいたことがあるのでご紹介いたします。一つは引用した『弘法大師御勘文』ですが、こちらは奈良国立博物館の所蔵で、インターネット上で写真を見ることができます。本論に書いてありますが「書写奥書」が天仁二年（一一〇九）とあって、いわゆる『弘法大師行化記』といわれる弘法大師の伝記を年譜風に書いた史料群の中で最も古いと考えられる書写奥書となります。残念ながら、この史料が、あまり活用されておらず、今後、『弘法大師御勘文』を視野に入れて弘法大師関係の伝記研究が進められるべきではないかと考えています。そこで敢えて、文字の異同などがありますが、奈良博本から史料をおこさせていただきました。

資料　平城上皇への灌頂授法をめぐって

【資料23】「空海が伝えた灌頂」を考えるときの問題点

第一、空海はいつ・いかなる灌頂を受法したか。→『御請来目録』

第二、空海はいつ・誰に・いかなる灌頂を授けたか。→『高雄灌頂暦名』『性霊集』

第三、これらの灌頂儀礼はどのようなものでったか。→手がかりなし。『義真記録』

第四、空海は灌頂をいかに考えていたか。→『性霊集』『広付法伝』

【資料24】承和三年（八三六）五月五日付実恵等書状（『弘法大師全集』第五輯、三九一～二頁）

① 帰国後十年ほどは、真言宗を立てることができず苦労なさったけれども、十年経って、その教えが少しずつ浸透し、諸宗の法侶や良家の子弟に、灌頂を受法するものがやや多くなっていった。

③ ㋐さきの太上天皇（＝平城上皇）が宮をあげて灌頂を受けられ、高岳親王も出家された。やがて天皇・皇后をはじめ、公卿・道俗の男女など灌頂を受法するものが万を越えるようになった。

③ 門人で伝法の印可《いんか》を頂戴したものは、皇子禅師《みこぜんじ》（＝真如親王）、牟漏《むろう》の真泰・東寺の実恵・嶺東の杲隣《ごうりん》・神護の忠延・弘福《ぐふく》の真雅・東大の円明・入唐の真済《しんぜい》法師等《ら》などがおり、一尊法を受けたものは数百人にのぼった。（傍線筆者）

［㋐の原文］

先太上天皇挙ㇾ宮灌頂。皇子卓岳出家入道。

【資料25】空海の入唐と恵果阿闍梨からの灌頂受法（『御請来目録』〈『定本全集』第一巻、三・三五～三六頁〉）

［上表文］我に授くるに発菩提心戒を以ってし、我に許すに灌頂道場に入ることを以ってす。受明《じゅみょう》灌頂に沐《もく》すること再三なり。阿闍梨位を受くること一度なり。肘行膝歩《ちゅうこうしっぽ》して未だ学ばざるを学び、稽首《けいしゅ》接足して聞かざるを聞く。幸に国家の大造、大師の慈悲に頼《よ》りて、両部の大法を学び、諸尊の瑜伽《ゆが》を習う。

① 六月上旬に学法灌頂壇に入る。この日大悲胎蔵大曼荼羅に臨んで、法によって花を抛《なげう》つに、偶然として中台毘盧遮那《びるしゃな》如来の身上に着く。阿闍梨讃じて曰《い》はく「不可思議、不可思議なり」と。再三讃歎したまう。即ち五部の灌頂を沐して三密の加持を受く。此れ従《よ》り以後《のち》、胎蔵の梵字の儀軌を受け、諸尊の瑜伽観智を受く。

② 七月上旬に、更に金剛界の大曼荼羅に臨んで、重ねて五部の灌頂を受く。また抛つに毘盧遮那を得たり。和尚驚嘆したまうこと前《さき》の如し。

③ 八月上旬にも亦《また》伝法阿闍梨位の灌頂を受く。是の日、五百の僧斎《そうさい》を設け、普《あまね》く四衆を供す。（傍線筆者）

もう一点は、報告の後に杉本一樹さんからご紹介いただいた史料です。それは何かと申しますと、正倉院の宝物の中に「天長五年（八二八）十月の記述のある上総国から東大寺に運ばれてきた庸布があります。税金として都に運ばれてきた布ですが、その布に「南院」と書いてあるのです。これについて、論文と関わる点ではないのか」とご教示いただきました。私自身が史料を見落としていたので、ご教示いただいたことを本当に感謝いたします。『正倉院紀要』四〇号（二〇一八年）の中で杉本さんご自身が触れておられるとのことです。そうなると、天長五年からあまり下らない時期に「南院」があったことになるので、かなり早い段階で灌頂道場がいわゆる真言院の場所にあったと言えそうだということ、そしてもう一つは、そうは言っても真言院という呼称は、この時にあったかどうかはっきりとはわからない、とこの二点が推察されるかと考えております。重ねて杉本さんには心から感謝申し上げます。

木村 ありがとうございます。今、武内先生と堀先生から、それぞれご発表の中で少し追加したいこと、補いたいことにについてお伺いしました。それを含めてご質問をいただいた方々に対するご質問にも、あわせてお答えをいただきました。では次に、原先生へのご質問を読み上げます。

「説得力のあるご立論に深謝いたします。金剛峯寺講堂旧安置諸仏像について、金剛薩埵、金剛王も正暦火災以降の造立であり、虚空蔵、普賢延命菩薩との作風上の微差は復興造像も一度に完遂できたわけではなかったため、と考えられないのでしょうか。お考えをお聞かせください」というのがその内容です。原先生、宜しくお願いいたします。

原 ご質問ありがとうございます。その可能性は私も考えました。確かに作風がそれほど違いません。金剛薩埵と金剛王は本体と宝冠を別に作って、もともとは付けていたのだと思いますが、今は失われています。一方、普賢延命と虚空蔵は宝冠が本体と共木で作られています。そこは違うのですが、両者では法量が違って、小さい方の宝冠を共木で作っているので、それは法量が小さいからで、年代の大きな差ではないということは可能性としてあると思います。ただ、今まで九世紀初めと言われていたのを十一世紀まで下げて良いのかということについて私自身に自信がなく、そこまで言えなかったというのが正直なところです。ただ、十世紀の終わりに堂塔が焼けてしまった後、再建にかなり時間がかかったと考えられているので、そうすると十一世紀でも半ば近くになってしまう可能性がある。そこまで年代を下げることができるのか、むしろ彫刻が専門の他の方々に伺ってみたいと思っています。

木村 お答えありがとうございました。それでは次に、土居先生に対するご質問です。ただしそれは、内容的にいって、土居先生だけにということでもありません。かいつまんで三つほど、順不同で申し上げます。

「奥の院というのは高野山の奥の院のことを指していると思いますが、奥の院の入り口の門に書いてある文言、有名な言葉ですが「虚空尽き、衆生尽き、涅槃尽きなば、我が願いも尽きなん」という言葉の意味、背景について、それはどんなことなのか、教えていただきたい」というのが一つです。

次は「平安時代、九世紀に「さとり」の問題が、十世紀から十二世紀にかけては「救い」の問題が、とりわけ問題意識として浮かび上がってきたのではないか。そのように自分は感じるので、ご意見をいただきたい」というものです。

もう一つ。これは、直接、土居先生に対してのご質問です。「学者の普機は空海の功績にも参加したとも考えられますが、彼は空海の重視する『釋摩訶衍論』を引用するなどして「華厳思想」と「密教」を等置したというのを、どのように理解すればいいのでしょうか。裏には密教に対する対抗意識があったと読んでも、よろしいのでしょうか。あるいは密教をとり入れて華厳と密教を等置させる華厳の分派として理解するのがいいのでしょうか?」というものです。

それからもう一つあります。

「空海が『五教章』を引用しながら意図的に因分と果分との無二などの関係を省略したと註にありますが、空海の他の著作でも同様に因分、果分の関係を説いておりますか?」。

以上二つのご質問、お一人の方からです。因みに、後ほどご質問いただいた先生から追加意見があれば、またお聴きしたいと思いますが。土居先生、とりあえず以上、よろしくお願いいたします。

土居　ご質問ありがとうございます。まず一つ目の「虚空尽き、衆生尽き、涅槃尽きなば、我が願いも尽きなん」についてですが、これは『華厳経』の「十地品」に出てくる菩薩の誓願が典拠になっています。永遠に菩薩行をし続ける、衆生を救済し続けるという菩薩の誓いが、空海自身の誓願となっているわけですね。こういう話をすると「即身成仏しているから菩薩ではないのではないか?」と、よく言われますが、仏が衆生を救済しようとする働きは、永遠に、つまり衆生が一人でもいる限り続いていくということを、空海自身の願文の中に『華厳経』の言葉を使って示されたのだろうと思います。

二つ目のご質問は面白いので後にとっておくことにして、先に三つ目の、普機が「天長六本宗書」の一つに数えられる『華厳宗一乗開心論』(『開心論』)で『釋摩訶衍論』を使った理由について、普機やその著書である『開心論』の特徴に触れつつ、お答えしてみたいと思います。高原淳尚先生や岡本一平先生がすでにご指摘されていますが、普機という人物については、まったくわかっていません。ただ、『開心論』を見てみますと、因明(論理学)の大家である東大寺の長歳のことをものすごく高く評価していて、『開心論』の中で「この人ほど優れた人はいない」と言っています。このように長歳を高く評価する『開心論』ですが、空海についても「声明(言語学)は空海が一番優れている」とこれまた高く評価しています。それから、「(中国で)『華厳経』を講讃すると、仏舎利が降ってきた」というエピソードを空海が話していた、ということも、『開心論』には記されています(これは澄観のエピソードであることを、中村本然先生が指摘されています)。このように、空海にまつわる記述を残している普機ですが、彼自身が一体どのような人物なのかとなると、まったく記録が残されておりません。ただ、これは岡本一平先生がご指摘されているのですが、室町期に活躍した真言宗の学僧である東寺の杲宝(一三〇六—一三六二)がその著作の中で、弘法大師の十大弟子の一人ともされ、新羅系華厳宗の系譜を記したリストにも出てくる海印寺の道雄(?—八五一)が『開心論』を書いた、と記しています。道雄は長歳にも学んでいますので、普機というのは空海の弟子だったという可能性も出てくるわけです。そうなると普機は、空海の主張する密教の思想をある程度共有しつつも、やはり華厳の立場を打ち出していったのではないのか、とも考えられます。特に『釋摩訶衍論』という、一説では日本では禁書扱いされた書物、あまりにも内容が滅茶苦茶、と言うと、『釈摩訶衍論』を研究されていらっしゃる先生方にお叱りを受けますが、内容がひどかったので「禁書にした方がよい」とまで言われた書物を、空海は大変重要視しています。そういうものを使って主張される空海の説を、さらに逆手にとったような解釈が『開心論』に示されているところから考えると、普機の正体が実は道雄である、という説も可能性としてあるのかなと思ったりしています。

もう一つの『五教章』の因果無二のカットの部分ですが、『五教章』で「因分」と「果分」とは水と波の関係ように、無二なるものである、という説明が出てくるところを、空海はばっさりカットしています。このような空海の引用の仕方は、江戸時代になって鳳潭（一六五四―一七三八）という華厳宗の僧侶に「空海はわかっていない」と激しく批判されますが、空海はよくこういう引用の仕方をします。例えば『十住心論』で『大日経』の経文を引用する際に、『大日経』本文の語順を変更したり、場所によっては文章を途中で切ってしまったりとか、そういう引用の仕方を空海は結構普通にやっています。自分の都合のいい形で引用するという、そういうところが空海にはあるんですね。ただ、そこには空海なりの主張とか解釈があるわけです。例えば、『五教章』の因果無二・水波の譬えでは、法蔵の言う「果分」が絶対的なものなのか、相対的なものなのかがわからない。一方、空海が重要視した『釋摩訶衍論』では、そのような『五教章』における因分と果分の関係の不明瞭さを解消するために、意図的に水と波の譬えを使わず、果分と因分とをバッサリ分けているという指摘がされております。空海も、おそらくそういうことを踏まえた上で「果分は果分、因分は因分」と分ける姿勢を示すため、意図的に因果無二・水波の譬えをカットして、密教こそが「果分可説」の教えであることを強調しようとしたのではないか、と思います。

最後に、二つ目のご質問ですが、九世紀が「さとり」で、十世紀から十二世紀は「救い」というのは、まさに私も、その通りだなと思っております。仏の世界をどのように、この世に実現していくのかということが、おそらく九世紀、平安最初期の日本仏教の中では、それが儀礼であるのか、経典の力によるのか、解釈としていろんな形がありえたと思うのですが、そういうものが大きく打ち出されていったと考えます。それが十二世紀くらいになると、吉田先生から中国のお話もありましたが、日本でも社会や経済などの動向に連動する形で、やはり「個人」の救いが大きくクローズアップされ、問題になってくるのではないかと、私も思っております。以上です。

木村　ありがとうございます。今の「さとり」と「救い」の分け方についてですが、時代的にはどのあたりにそういう区別ができるポイントがあるのかという問題だったと思います。ところで、私自身が気になっていることですが、「涅槃」、つまり「真実の安らぎ」という言葉は、主に儀式的な側面に関わって表現としては少なからず出てきますね。しかしながら、それは本来、日本では忌み嫌われる死と深く結びついた概念ですね。そのことからして、涅槃というものが、本当の意味で大事にされたことが日本ではあったのだろうかと思ったりするのですが、そのあたりのことで何かご意見はおありでしょうか。

土居　あまりそこまで突っ込んで考えたことはないのですが、例えば、大乗仏教の永遠に菩薩行をし続ける、まさにこれは華厳の「入法界品」の思想につながっていくと思いますが、「その状態こそが、〈さとり〉なのだ」、そういう理解がおそらく密教の根底にもあって、空海も同じように考えたのではないか、と私は考えています。『大日経』や『金剛頂経』といった密教経典では、大日如来という仏が「曼荼羅」を現し出していく、という形で教えを説くと説かれています。空海はその大日如来を法身と定義するのですが、その法身大日如来の説法は、過去一度行われたものではありません。「法身」は真理そのものなので、永遠で普遍です。したがって、法身大日如来の「曼荼羅」を現し出すという説法、言い換えるならば、生きとし生けるものを救済するためのさまざまなはたらきは、永遠かつ普遍に、つまり今この瞬間も行われていることになります。その大日如来の説法というか衆生救済のはたらきに我々が参与していくこと、その部分におそらく空海の密教の思想の根幹がある、と私は思っています。そうなると、終わってどこか安らぐというよりは、永遠にはたらいているその「法身」のはたらきに参与し続けることこそが、空海の考える密教的な世界観なのかなと思っております。

木村　ありがとうございました。もう一つ、「華厳三昧」を柱に今回、発表していただきましたが、『華厳経』に一箇所、「海印三昧」と「華厳三昧」の両方を並べて説くところがあります。これらを踏まえて、法蔵とその門流が大成した華厳教学の場合、例えば『妄尽還源観』では、究極の真実から展開する二つのはたらきとしてそれらを挙げていますね。さらに遡ると、中国で盛んに議論された「宗趣論」では、学僧であり護教論者としても有名な浄影寺慧遠は、「華厳三昧宗趣説」を主張しています。この辺りとの関連についてはいかがでしょうか。

土居　木村先生の前で「海印三昧」の話をするのは大変緊張しますが、まさにおっしゃる通りだと思います。慧遠の「華厳三昧宗趣説」なども、おそらく「〈さとり〉とは何か」ということを、慧遠なりの文脈の中で考えていった結果なのではないでしょうか。

慧遠よりは下りますが、唐代の仏教世界の中では、ある程度、「〈さとり〉とは何か」ということについての議論が行き着いているのではないかと思っています。華厳宗の法蔵であれ澄観であれ、あるいは天台宗であれば湛然であれ、そういう人たちが、吉田先生のご発表にも出てきましたように、『大乗起信論』を基盤とする本覚や真如縁起などの議論をどう読み解いていくのか、という課題の中で、「それでは、仏教者が目指すべき〈さとり〉とはどういうものなのか」と考えた時、「〈さとり〉を目指して永遠に菩薩行を実践し続けていること自体が、〈さとり〉の表現ではないか」というところにたどり着く。そうすると、慧遠の「華厳三昧宗趣論」も、「華厳三昧」という、「海印三昧」から現れ出てきた教えや境地を実践し続けていく状態こそが盧遮那仏の〈さとり〉、仏がさとった〈さとり〉の内実だったという観点から唱えられている、という気がします。

最初のご質問でいただいた、空海の「虚空尽き、衆生尽き、涅槃尽きなば、我が願いも尽きなん」という誓願も、同じなのではないでしょうか。すべての衆生がさとりをひらいてしまえば、もはや仏教は必要なくなる。その瞬間まで、衆生の救済を実践し続けていくこと、その形は〈さとり〉を目指す修行なのでしょうけれども、同時にそれこそが〈さとり〉の表現になっているという、そういう考え方ではないかなと思います。雑駁ですが。

木村　ご丁寧にお答えいただき、ありがとうございました。

次に吉田先生へのご質問です。一つは「毘盧遮那仏と大日如来は同じ尊格と考えてもいいのか？」ということについて、お考えをお伺いいたします。もう一つは、「即身成仏、現身成仏、一念成仏、いろいろありますが、「無念成仏」も含めて具体的に教えてほしい」というご質問です。お考えを聞かせていただければと思います。

吉田　毘盧遮那仏と大日如来は、別の仏さまのように見えますが、音写か意訳かという翻訳上の違いで梵語に戻せばどちらもヴァイローチャナブッダ、あるいはヴァイローチャナタターギャターです。学派によって法を説くか説かないかなど捉え方の違い、解釈の違いは有りますが、尊格としては基本的に同じと考えていいでしょう。

次に成仏についてですが、「現身成仏」というのは、何度も生まれ変わらなければならないほど長い時間をかけて修行するまでもなく、「現在授かっているこの身体で成仏する」ということです。仏教ではたくさんの煩悩を一つずつ滅していって、凡夫位から見道位に入り、修道位、無学位へと進んでいくというように段階を踏むのが部派時代からの基本だと思います。大乗仏教が成立して以後も、唯識では資糧位、加行位、通達位、修習位、究竟位として五位が引き継がれますし、『般若経』や『華厳経』などでは十段階に分けて十地が説かれ、あるいは十地を含めて五十二位が説かれます。その道程にはとてつもなく長い時間がかかり、一生では果たせず、何度も生まれ変わり死に変わりを重ねる必要があります（三劫成仏）。しかしその中で、「いま、我々はどう生きればいいのか」、「仏と自分、悟りと迷いとは如何なる関係にあるのか」といった問題が考えられるとき、さまざまな成仏のあり方が模索され論じられていったのだろうと思うのです。

中でも一番注目されたのが、やはり『華厳経』のスタンスではないかと思います。とくに「入法界品」では善財童子が五十三人の善知識を遍歴して「菩薩道とは何か」、「すべての教えを学び実践するにはどうすればいいか」、「一切衆生を救うにはどうすればいいか」ということをいろんな先生に質問していくのですが、最終的に善財童子は「さとりをひらく」というより、「真理の世界の中で菩薩道を歩み続ける」という形で示されます。善財童子は修行者の模範ですが、「では、具体的にこの世間において自分はどのように生きればいいのか」という問題に返ってくるはずです。「さとり」を求めるからには、自らが生きていく上で「さとり」という世界へ具体的にどうやって入っていけばいいのか、あるいは、仏とは何か、今の自分と仏はどのように関わっているのか、ということが重要になってくるはずだと思うのです。「仏さまがどんな状態か、さとりの世界はどう説かれているのか」は一つの重要なテーマではあるのですが、実際にそれが個人の問題として、個人の救済、個人の「さとり」として落とし込まれてきた時に具体的なメソッドがほしいわけです。それには確かに密教の「三密加持」が非常に有効なのですが、それを実社会に生かしていかないといけないことになると思います。もちろんそのためには、「三昧」に入る修行も必要です。その際、実践論としては「一行三昧」、成仏論としては「一念成仏」になっていくはずです。華厳の教学上の位置付けとしては「一念成仏」はそれほど強調されていないようにも見えますが、実践上は「一念成仏」、つまり一念の中にすべてが入る、そういう成仏のあり方を一つ一つの行いの中に具現していくということになると思いますし、そのようなあり方は是非や自他を超えた「無念」の中に顕われます。そうすれば時間を超越してまさに「現身成仏」（この一生のうちにさとりを開く）であり、「即心即仏」（今の心が、そのままさとりである）という形になっていきます。ただし、弘法大師の場合は「即身成仏」と述べています。「身」に力点を置いているのが特徴的です。中国は弘法大師と同時代の澄観や宗密以後、ますます人の「心」に注目していきます。その時代の禅宗の人たちもすべてを「心」に集約していきます。ところが日本の弘法大師は「身」に注目しています。そこが面白いところでありまして、一つの日本の特徴を示しているのかもしれないと思っています。

木村　ありがとうございました。それではあと一つ、質問用紙にご自身の疑問を書かれているのですが、どなたに、ということではありません。仏教の根本問題です。仏の世界、言葉を換えれば究極の真理、真実は説くことができないという、言葉をめぐる問題です。「言葉として表現できない」と、そういうことが述べられていて、いわばそういったことは「戯論寂滅」として表現するしかないのではないか」というのが、ご質問者のお考えだと思います。

「空海さんは、それをどのように、どんな方法で説けると考えられたのか、主張されたのか、真言密教がそれを示す教えであるということだけでは、よくわかりません」という内容です。

武内先生、代表して、今のご質問について「戯論寂滅」の世界について言葉との関わりでお答えいただければありがたいと思います。

武内　私が理解しているところをお答えいたします。きょうの土居さんのご発表にもあったかと存じますが、「果分可説」の「果分」とは、「さとりの境界」でして、この「果分可説」は「さとりの境界は説きしめすことができるか否か」の問題についてであります。空海は「果分可説」といい、「さとりの境界も説きしめすことができる」との立場をとられました。それはどういうことかと申しますと、確かに言葉でもって説明することはできないけれども、たとえば「曼荼羅とか、密教宝具とか、象徴・シンボルをもってしめすことができる」といわれました。空海は、『御請来目録』のなかに、「曼荼羅をひと目見ただけでもさとることができる」と書かれています。このように、言葉ではなく、視覚的に捉えることで、さとりの境界をしめすことができる、といわれました。私は、密教は直感的な宗教である、と受けとっております。「象徴・シンボルを通して、我々はさとりの境界を理解することができる」と空海はいっている、と私は理解していますが、いかがでしょうか。

木村　質問をされた方、今のお答えでよろしいでしょうか。この武内先生のお答えを受け止めて、自ら改めてお考えいただければありがたいと思います。他の先生方、このご質問に対して別に何かコメントがありましたら、お願いいたします。

土居　今、武内先生がおっしゃった通りだと思います。堀先生、原先生からご報告いただいた、灌頂道場としての灌頂院の建立や、仏像あるいは仏画の問題も「空海が、〈さとり〉の世界を、どのように表現しようとしたのか」という観点からもう一度、見直す必要があるのかなと思っております。

それから、発表では省略してしまいましたが、「果分可説」つまり〈さとり〉そのものが語れるのだとすると、当然「どのようにして語ることができるのか？」ということが問題になると思います。「語る」とは、言葉を使って語ることですが、空海の思想の中では、その「言葉」という言葉が指し示す意味の範囲が、ものすごく広いのです。どれほど広いかというと、『声字実相義』という著作の中では、「如来の説法」、仏が教えを説く時には必ず「文字」を使う、その「文字」というのは認識対象すべてのことである、と記されています。しかも、その如来の説法の文字である認識対象というものが何によって成り立っているかというと、空海はそれが、「法身」の衆生救済のはたらき（三密）に基づいている、と述べています。つまり、「目に見え、耳で聴き、鼻で嗅ぎ、味わい、触れて、考え感じること」すべてが、「如来の説法」の「言葉」になっているのです。空海が「〈さとり〉を言葉で表現することができる」と言うとき、その「言葉」は、私たちが「言葉」と思っているものよりも、はるかに広い範囲を指しているという視点は必要かな、と思います。普通に「こうでしたよ」としゃべるという意味で「可説」と言うよりは、今まさに「法身」がこの瞬間も働いているというその状態が、今私たちが見聞きしている、五感で感じている、それを「如来の説法」として理解する時、「法身の説法によって〈さとり〉そのものが開示されている」と言うことができるのではないでしょうか。

木村　ありがとうございました。それではフロアからいただいた最後のご質問になりますが、要約して申し上げます。

「大仏殿の盧遮那仏の脇の位置に虚空蔵菩薩と如意輪菩薩が座しておられるわけですが、その伝承についてお聞きしたい」ということのようです。ご本人はさらに、「密教的な感覚を受けてしまうので云々」と付言しておられます。このことも合わせて、お考えを述べていただける先生はいらっしゃいますか。原先生、いかがでしょうか。

原　今すぐには思い浮かばないのですが…。ただ、如意輪観音と見るのは歴史的には難しいと言うか、如意輪観音に対する信仰は奈良時代からあったと言われることもありますが、広まったのは空海が六臂の如意輪観音を曼荼羅のかたちでもたらしてからです。それ以前に如意輪陀羅尼の経典は来ていたようですが、如意輪観音という尊格に対する信仰があったのかというと、よく分かりません。たとえば、中宮寺の菩薩半跏像は今、如意輪観音として信仰されていると思いますが、如意輪観音として作られたのかというと、そうではなくて、ある時期に、おそらくは聖徳太子信仰との関係で「如意輪観音」と呼ばれるようになったのだと思います。大仏さんの脇侍も最初に大仏殿に安置された時から六臂ではなくて二臂の観音さんだったと思いますが、それが後になって「如意輪観音」と呼ばれるようになる。おそらく当初はそうではなく「観音菩薩」として作られたのではないかと、奈良時代に関してはそのように思います。そのあたり、奈良のみなさまの方がお詳しいと思うので、どなたか補足してくださるとありがたいのですが…。

木村　橋村別当さま、まことに恐縮ですが、今のことに関して、何かご発言いただけますか？　お願いいたします。

橋村公英　奈良時代から「如意輪」さん、「虚空蔵」さんがあったということですが。如意輪観音さまは「懺悔滅罪」の仏さまであるという信仰もあります。普通であれば「普賢」さんと「文殊」さんがいらっしゃったということは、私も再々聞くのですけれど、本当のところの理由は、実は私も存じ上げておりません。学説上、想像できる観点があれば、教えていただければありがたいと思っております。

木村　ありがとうございました。私自身もまた一つ、課題を与えられたような気がしております。

さて、質問用紙にもとづく質疑応答はこれで終わりました。せっかくの機会ですので、先生方の中で、他の先生のご発表について、「ここのところをもう少し詳しく知りたい」というようなことがあれば、相互に質疑応答していただければと思いますが、いかがでしょうか。

武内　では、堀さんに質問です。二つあります。一つは、承和三年（八三六）閏五月三日の僧綱牒ですが、私は「疑わしい」と申してきましたが、きょうのご発表では「いいのではないか」ということだったかと思います。五月九日付太政官符で「二十一僧を置くべき」ことが命ぜられ、それを受けて、閏五月三日の僧綱牒が出されたことになるのですが、この期間があまりにも短すぎるのではないか、と思うのです。五月九日に出された太政官符以降の文書の流れを、私はつぎのように理解します。この太政官符は、五月九日付で治部省に下された訳ですが、受けとった治部省はこの官符の情報を玄蕃寮に下し、寮は僧綱に下し、僧綱から東大寺に下され、この命により東大寺では二十一僧を選出します。その二十一僧の交名を太政官まで報告するには、東大寺から僧綱へ、僧綱から玄蕃寮に、寮から治部省へ、省から太政官へと情報をあげていきます。報告を受けとった太政官は、天皇にお伺いをたて、その結果をもう一度、下の役所である治部省へ、省から寮へ、寮から僧綱へと下し、僧綱から東大寺に伝えたときの文書が、閏五月三日付の僧綱牒とすれば、時間的にあまりにも短すぎるのではないでしょうか。それが一つ、私の疑問なのです。

あともう一つ、東寺に五十僧が置かれたときには、もし欠員が生じたら、「一尊法を学んでいる者から選べ」といい、もし資格をもつ者がいなければ、「一尊法を授け、その者をもって補充しろ」といっていました。東大寺真言院の場合、「二十一僧を置く」と定員を定めていますが、「いかなる資格をもった者を選ぶのか」、資格に関するひとことがあってしかるべきではないか、と考えます。この二つが私の疑問であります。

原さんにも質問です。先ほどのお話で、東寺講堂の構想は、空海ではなく、実恵が中心になっていたとおっしゃったと思いますが、この理解でよろしいでしょうか。そうしますと、実恵には観心寺と関係があったかのようにいう方もありますが、実恵と観心寺とのあいだには直接の関係はなかった。実恵が寺院創りを行なったことは、ほとんどなかったと考えます。それよりもむしろ、東寺講堂の仏像の構成は、高野山の講堂（いまの金堂）の三尊形式といいますか、仏・菩薩・明王の組み合わせにもとづくのではないかと思うのです。そうすると東寺講堂の二十一体からなる仏像群の中心は、仏・菩薩・明王の三グループで構成されており、基本的には同じ構造をもっていると考えますが、いかがでしょうか。

堀　ご質問ありがとうございます。一つは手続きの話ですが『類聚三代格』承和三年五月九日官符を見ていただくとわかるように、二十一僧を選ぶのは「僧綱に牒して行わせよ」と書いてあるので、基本的には僧綱までで手続きが終わった可能性は高いと考えています。

それからもう一つ、確かに東寺の住僧である人たちは厳しく阿闍梨が選抜しなければなりません。本史料は偽物かどうかの議論の余地はないのですが、そこにそうした問題点は書いていないのです。議論の出発点としてはむしろこの史料から考えるべきだと思っています。ここに「一尊法を学んで」とか「阿闍梨」とかが登場していないところが、東大寺真言院の特徴だと考えていますし、そもそもこの時点で東大寺真言院に阿闍梨は置かれていません。阿闍梨が置かれていない状況の中で運営していったのが東大寺真言院のあり方だと思いますし、それは東寺とは全然違った形態をとっていたと考えるのが、いいのではないかと考えています。

武内　承和三年閏五月三日付の僧綱牒に「二十一僧」とあり、「実恵と円明に専当せしむ」「住僧の交名は、専当の法師等簡定して僧綱に牒せ」とありました。この実恵も円明も、空海から直接灌頂を受けています。ただ空海のいう「密教」を考えますと、「顕教」とは明確に区別しています、たとえば、東寺に「真言宗僧五十人」を置くとありました。東大寺真言院に置かれた「二十一僧」を考えますと、「灌頂道場」「息災増益の法を修せ」とあるので、なにがしかの事相的なもの、つまり密教を正式に受法していなければ務まらないのではないか、と考えます。二十一僧の資格に関する史料が出てくれば、うれしく存じますが……。ありがとうございました。

木村　何かコメントがあればお願いいたします。

堀　先程、議論していたところですが、東大寺の真言院で行われている「息災増益の法」は、真言密教の「阿闍梨」が中心になってやっている修法と本当に同じなのかというところから一旦スタートすべきです。阿闍梨がいないところでやっている修法は、前時代的な様相を体しているという可能性さえあるのではないかと思います。ただこのやり方は唐の不空と同じやり方ですので、その点でいえば最新の中国のやり方でやっている可能性もあります。ただ、今ご質問をいただいたような密教の正統的なやり方をしていないからおかしいというよりは、むしろこの史料から、正統的なやり方をやってなかったのではないか、というところからスタートした方がいいのではないかと考えております。

木村　そちらの方面については、私は素人に近いです。しかし、中国や朝鮮半島の儀式の伝承と比べると、日本は「型」をとるとか、そのまま伝承していくような流れは、どの程度あるのでしょうか。その辺りは微妙だと思うのですが、私も知りたいです。

堀　私から皆さま方に伺いたいところでもあるのですが、土居さんは、これまでの流れの中で空海の教学をとらえるべきだとおっしゃっておられて、それに対して吉田さんは、中国の流れはこうだけれども、空海がとらえているとらえ方はこうだというふうにおっしゃいました。それは前代からの日本のやり方の延長線なのか、それとも空海の独自性を意味しているのか、ということが関係しているのかと思うのです。今、原さんがおっしゃったようなやり方は、空海だからこそ画像でやっていて、それ以降は画像でやらなかったとなると、今、私がお話しさせていただいたような、このやり方が、空海だけ、特別にすごいことをやっているのか、それとも前代からの延長線上でやれることだったのか、その状況を、どう把握したらいいのか、ご意見をいただけたらと思います。

木村　先生方、何か一般化して「伝承の仕方」、とくに他の国で、他の地域で行われていたものが日本に入ってきた場合の受け止め方についてはどうでしょう。「日本という国の一つの精神風土が、そこから浮き上がってくるかもしれないな」と思ったものですから、もし何かご意見があれば、ヒントでも結構ですので、お願いいたします。

土居　では私から。そこまで広げて考えようとしているところではあるのです。どちらかというと今のところ「教理的な継続性」というものに関して考えるなら、空海が言っているような議論は実は奈良仏教の中から一部、回収できることは間違いないと思います。ただそれを中心的な概念として議論していたかとなると、そこまでは奈良時代の日本仏教の史料では見たことがありません。空海の、というより最澄も含めた平安時代の最初期、教義的な意味で何か従来のものに対して新しいものを打ち出していくという姿勢が打ち出されていったのではないか、と考えています。今回お話をさせていただいた「果分」という問題も、そういった姿勢からクローズアップされていった可能性もあるのではないかなと思っております。今のところは、それくらいです。

吉田　私は中国が専門なので、中国的な見方から日本を見ると、素朴な意味で、やはり「自然崇拝」というか、大自然に対する畏敬の念が弘法大師を含めて日本人のこころの底には有ると思います。

中国の自然観と日本の自然観はだいぶ違っていて、中国でも古代においては、「天」や「自然」に主体があって、「人」は天に順い自然に即して生きることに価値を見ていましたが、特に十世紀ごろから自然科学の発展に伴い、「自然は克服するべきもの」、「人は自然を知的に理解し操作することができる」という具合に、自然に対する考え方が大きく変わりました。その胎動期は弘法大師が唐へ留学したころの八世紀から九世紀にかけて既に始まっていて、その後どんどん即物的になっていきます。

これに対して、日本人は大自然の中に自分がいて「人は大自然の一部」であり、自然に即して生きていくという考えで昔から一貫しているように思います。「人間即小宇宙」という言葉もありますが、それが日本人に一番しっくりくる表現ではないかと思うのです。その点で弘法大師は、極めてインド的な密教と当時の中国仏教の要点をしっかりおさえて、これを日本にもたらしつつも、中国とは異なる日本の精神性を仏教的な表現でバチッと示しています。

ただの印象ではありますが、漢民族における永遠の課題は「天と人との関わり」（天人相関論）で、それを仏教者たちは「仏と衆生との関わり」に置き換えて考えている節があるように思えます。さきほどから話題になっている「果分とは何か」という追究は、「天とは何か」・「自然とは何か」という追究とほぼ同じような意味合いで中国・日本を含む東アジアでは受け止められ、議論されてきたのではないかと思うのです。

そして、「果分とは何なのか」と同様に「天とは何なのか」という課題と並行して、「我々自身は人としてどのように生きていけばいいのか」という課題が、有機的に関連しながら、同時進行で議論されてきたのが東アジアの思想の背景にあると惟います。「人はどのように天と一体になるのか」、つまり「天人合一」するのか、そこから翻って「人としてどう生きていけばいいのか」という課題を考えるとき、中国では八世紀ごろから「天」よりも「人」に主体が置かれていきます。

日本では全体としてはどちらかといえば「天」に主体を置いてい

る傾向が強いようではありますが、それでもやはり「人」はどうあるべきかを追究していないわけではなく、少し下って平安末に「断惑論」、つまり煩悩を断ずることが問題になってきたのも、その流れの中で生まれてきた議論と捉えることもできそうですし、室町期になれば（華厳思想に裏打ちされた禅の影響も考える必要がありそうですが）、現実世界に仏の果分のはたらきを積極的に読み込もうとする動きが華厳学の中にも見えてきます。

ただし、弘法大師ご自身は天と人、仏と衆生を主従関係ではなく等値しています。両者は互いに主となり従となる関係で捉えていて、それは曼荼羅の観想法や「入我我入」という修行の実践にも表われます。私の今回の発表に寄せて言えば、それは主と伴とを円かに具足する華厳の「相即相入」の理論に裏打ちされているのでして、その点において、弘法大師は中国仏教思想の要点もきちんと継承しているといえそうです。

木村　どうもありがとうございました。会場からどなたか、関連することで、これをぜひ聞いておきたいということがありましたら、お受けししたいと思いますが、いかがでしょうか。

原　武内先生からのご質問にお答えしていないので、ここで。実恵の造像活動に関してご質問がありましたが、私も、実恵は観心寺の造営には直接携わっていないと思っていて、その意味でも今まであまり考えられていないのではないかと思っています。実恵は空海と活動時期が重なっていて、空海が亡くなった後、それほど経たずに亡くなってしまうのでよく分からないところがあります。これからは空海がやったことと実恵がやったことを分けて考えないといけないと思うのです。東寺講堂諸像は、絶対に実恵だと言えるかというと、まだそこまで言い切れないかも知れない。でも実恵の可能性は高いと思うので、その方向で考えていきたいと思っています。

続いて、焼けてしまった高野山の七尊像と東寺講堂諸像の関係についてですが、高野山の像は当初から七尊の組み合わせだったとは考えていません。少なくとも空海が生きている時の史料に「尊容堂に満ち」と書いてあるので、お像はあったに違いないと思います。ただそれが七尊だったのかというと、史料上は講堂の大きさが三間なので、そこに七尊が並ぶのは、当初予定していたにしては多すぎるというか、独尊あるいは三尊くらいの可能性の方があり得ると思います。紀伊国造なのか分かりませんが、高野山にお寺を作るのに協力した在地の人たちが、そこに何らかの像を作った、その場合だと、全然知らない阿閦よりは薬師の方が、最初はあり得るのかな、というのが今日お話しした私の想像です。

また、高野山の七尊と東寺講堂像は、組み合わせとしては、如来と菩薩と明王なので同じですが、安置のされ方としては思想的にちょっと違うのではないでしょうか。東寺講堂の不思議なところは、五体の如来が真ん中にあって、その両側に菩薩と明王が並ぶことです。確か立川武蔵さんがお書きになっていたことですが（『最澄と空海―日本仏教思想の誕生』講談社、一九九八年）、空海は曼荼羅の構成にそれほど積極的でないというか、あまりそこに気を遣っていません。それは東寺講堂の像について空海が作ったことを前提にしておっしゃっていたのですが、チベットなどの曼荼羅のあり方で考えれば、明王が外側にいて、内側にいくほど菩薩・如来となっていく。つまり、高野山の七尊の方が曼荼羅の構成としてはすっきりしていて、東寺講堂のあり方はちょっとおかしい。それはお堂が狭いからということもあるけれど、同心円状に配置しようとすれば配置できないこともなかったはずです。それをそうしていないのは、曼荼羅の構成を空海があまり気にしていないからだ、と。これは、空海というよりは実恵、しかも実恵のオリジナルというよりは奈良時代以前からの三尊構成に準じて、空海が神護寺に作った五仏・五忿怒というバラバラだったものを一つのお堂の中に組み合わせたためではないでしょうか。周囲を梵天・帝釈天と四天王で囲むのも奈良時代的なので、これらと高野山の七尊の考え方は結構違うのではないかと思います。高野山の像は整然と、真ん中に如来がいて、次に菩薩、一番外側に明王という、それはもう少し時代が下って徐々に、おそらく後から作られてそのかたちになったのではないかと思っています。

それから、その後の堀先生からのお話に関して、私のイメージですが、実恵は東大寺で何年かきちんと勉強したけれど、空海はそういうことをあまり経験せずに、奈良の伝統を吸収せずに山岳修行をした人ではないかと感じています。仏像を作ることをあまり重視しない。「仏像」といっても絵画的なものを大事にして、彫刻を作る、立体物を作ることをあまりしない、ということは、奈良の伝統の引き継ぎ方が弱いのではないかと思うのです。それは最澄にも共通するところではないでしょうか。比叡山に講堂ができて、そこに仏像ができるのは、確か最澄より後の時代だったと思います。空海と最澄は、ともにすごい人だったけれど、それはその時代の南都にはお経もたくさんあって、そこで勉強すればしっかり勉強ができたはずなのに、なぜかそこではないところで仏教者になろうとした。それが、何かそれまでの人たちと違うことをした背景にあるのかな、と思っています。

木村　どうもありがとうございました。どなたか何か、この機会にご質問がありましたらどうぞ。簡潔にお願いいたします。

青池　龍谷大学文学部の四回生です。いろんな分野がクロスしていて刺激的なお話をありがとうございました。土居先生と吉田先生にお伺いします。

華厳の「仏身論」、国土が語りかけてくる「仏身論」があるというお話だったと思います。華厳の「仏身観」と真言宗の「法身説法」との間に違いというものがあるのか、全く同じものと見ていいのか、その辺りについて教えて下さい。

吉田　確かに「仏身論」、これは日本でも中国でも重要な課題として議論されていて、これが正解というのはないのです。「法身」が説法するかどうかも、実際は「無情説法」といって草木国土は成仏するし、説法もするという説は、古く南陽慧忠という禅僧が『華厳経』に基づいて述べています。時代を接する後輩である天台の荊渓湛然も華厳の清涼澄観も説いていて、それが中国では普通の考え方になっていきます。北宋代になっても、たとえば禅に参じた蘇東坡が「渓声便ち是れ広長舌、山色豈に清浄身に非らざらんや」という詩を作っていて、谷川の音は如来の説法、山の姿は清浄法身であると言っています。これはつまり「法身説法」で、現在、我々が見ているものが「清浄法身」だということです。さらに進めば「見ている、認識している私たちが法身だ」という含意があります。そこまで中国仏教は進んでいきます。真言密教の場合、私自身大学の卒論で『声字実相義』を扱ったのですが、そこに「五大に皆響きあり」とあり、すべてのエレメントにはバイブレーションがあると言っています。それを「説法」というならば谷川の水のせせらぎも「説法」になっていきます。詩的な表現を使いながら、仏教をあますところなく説明されていると思います。

また「法身」の定義も、土居先生から先ほど個人的に伺ったのですが、『金剛頂経』の梵本では、マハーヴァイローチャナとヴァイローチャナタターギャターの二つが出て来て、一つの経典の中でも、「説法する法身」と「説法しない法身」が区別されていると考えることができそうなのだそうです。漢訳を通じて弘法大師は両者を同一視しているのですが、弘法大師において「法身が法を説く」とは、まさに『声字実相義』で説かれているような、すべてにバイブレーションがあり、そのすべてが真言だということで、我々が見ているもの触れているもの全てが文字、「名句文身」だという考え方で、文字や言葉の定義が広い。中国でも日本でもその後、各学派の立場から論じられ、バージョンアップが繰り返されていく中で、思想が深まり展開していくわけです。そして、その経緯を今の我々が見て「ああだ、こうだ」と言っているのも「菩薩の働き」、「羯摩曼荼羅」ということになるわけです。土居先生に、その辺りのことをお聴きしたいと思います。

土居　私も学生時代に「法身説法」を研究テーマにしていましたので、今のご質問には大変苦しんでおります。吉田先生もご指摘になっていらっしゃる通り、宗派の枠組みとか全部取り除いてしまうと、そんなに大きく違いを見る必要はないのかな、と思います。

ただ、それにもかかわらず、空海は「違う」と、はっきり断言しています。昨日の武内先生のご講演でも冒頭に、『二教論』の説明をされましたが、空海は「他受用身が十地というレベルの菩薩のために、そのレベルの菩薩の素質や理解力に応じて説いた教えが、法華や華厳といった顕教の一乗教だ」とはっきり言っています。これは空海が「顕教」を、聞き手の理解力や素質に応じて設けられた説明であって、〈さとり〉そのものではない、と定義していたことを物語っています。空海が「華厳と密教は別だ」と言う理由は、おそらくここが一番のポイントになっていると思います。つまり空海は「法身説法」を、「衆生が仏に教えてもらう」という意味での説法とは考えていないのです。「仏と仏とが、自分の楽しみのために語らい合っている」、そういう状態を空海は「法身説法」と定義しています。それは完全に「自受法楽」です。そうすると、仏がまだ仏の境地にいない者のために説いた教えは、その内容がどんなに高レベルであろうとも、〈さとり〉そのものを聞き手の素質や理解力に応じて説明したものに過ぎない、ということになります。

それでは「仏と仏が教え合う世界はどこにあるのか」というと「曼荼羅」がまさにそうなっていて、中心にいる法身大日如来から周辺の六道の衆に至るまで、すべて大日如来の現れであると、空海は説明しています。そうなると「聞いている方も大日如来、説いている方も大日如来」という世界になりますね。そのような世界が成立したところに「法身説法」がある、と空海は考えていると思います。こんな感じでお答えになっていますでしょうか?

青池　ありがとうございました。

木村　どうもありがとうございました。あと一問、質問を受けたいと思います。

中田　漢方医をやっております。私自身が少し修験をさせてもらっていることもあって、吉田先生、土居先生、原先生もおっしゃっていた、空海さんと山岳信仰で修験で体感的に得られたものと、きょう勉強してきた教えとの関わりについて「身体性」との関係でとても大事だなと思って聞いていたのですが、その辺りについて、もう一言あれば教えていただきたいと思います。

木村　体験の面からですね。

吉田　私も修験をしますし、最初、修験から入りました。修験とは何かと言われると、山の中を実際に歩く、まず歩いてください、というようになると思います。歩いていると自分ではどうしようもないところまで行く。大自然に預ける。大自然の中に身体が溶け込んでいく感覚がある。私の表現でいうと、普段は皮一枚を隔てて、自分と自分以外の間にボーダーラインを引いていますが、こんな薄っぺらな皮一枚を隔てて自分だと思っていることがばかばかしいくらい、自分がバーッと広がっていく感覚があるのです。坐禅をしていても同じものがあります。天地に広がっていくという感覚、これが私は「無我」だと理解しています。自分と自分以外のものがない、隔てるものがないからです。無我の世界に入っていくところに大自然との一体感を感じると思うのです。まさに大自然、山そのものが「清浄法身」に他ならないという体験、その大自然の中に融け込みつつ歩んでいる自分のこの身もまた清浄法身として歩んでいるという実感、この平等一如の体験を分節化し、仏教学の積み重ねを駆使して教理化していくという作業が「教学」なのでしょう。体験から教理が生まれてくる。教理によって、またそれに導かれて体験していくという両方の相乗効果があるのではないかと思っています。答えになっているかどうかわかりませんけれども。

木村　土居先生、よろしいですか？

土居　まさにその通り、吉田先生がおっしゃった通りだと思います。空海は、山林修行での体験、感覚的なものを言葉で表現している例がかなり多いと思います。『性霊集』などに収められた漢詩や漢文を読んでいても、漢詩・漢文という形で、教理と自身の体験を結びつけて表現しているのではないか、と思うところが結構あります。そういった意味で、空海はまさに体験から思想を構築していったのではないか、と思います。

木村　はい、ありがとうございました。たいへん熱のこもったご質問をいただきました。そして、先生方からも真摯なお答えを頂戴しました。「錦上花を添える」という言葉がありますが、今回の最初の武内先生の基調講演、そして堀先生、原先生、土居先生、吉田先生、四人の先生方の研究発表、中身を深めれば深めるほど難しくなりますし、はっきりしないところが、次第にはっきりとしてきた今回のシンポジウムだったと思います。こうして私どもも一緒に学んでいくことは、突き詰めれば、仏教に限らず、自らの行いに通じてくるもの、そこに返ってくるものでなければならないと思いますし、そこで初めて本当の意味をもってくるのだろうと思います。

釈尊が、回想の中で「自分はこれまでずっと善を求めて、出家し、そしてここまで歩んできた。よいことを求めて、それを自分のものにしたいと求め、自らのものとする。その歩みを続けてきた」ということを、晩年になっておっしゃっておられます。釈尊は八十歳で亡くなられますけれども、この自らに返ってくる学びこそが、究極の人格の完成という実を結ぶのだろうと思います。今回のシンポジウムが、そのような日々の学びに少しでもお役に立つところがあったとすればまことに嬉しいことだと、司会者として思う次第でございます。先生方、そして会場の皆様方、本当にありがとうございました。これをもちまして「総合討論会」を終了いたします。

進行　基調講演をしていただきました武内先生、研究報告をしていただきました堀先生、原先生、土居先生、吉田先生、総合討論会を無事まとめ上げてくださいました木村先生、ありがとうございました。木村先生には、いつもＧＢＳの最後のまとめをやっていただき、感謝申し上げます。みなさま、本当にありがとうございました。

　来年度も十一月に、今日のように充実した時間がとれますように、木村先生はじめ諸先生方にお力添えいただき、東大寺の学術顧問の先生方、図書館の準備のスタッフとともに進めてまいりいます。また会場に足を運んでいただけたらと思います。

　二日間にわたりＧＢＳにご参加いただきまして、誠にありがとうございました。

Tōdai-ji Temple and the Esoteric Buddhist Master Kūkai

Papers from the Great Buddha Symposium No.21

Kūkai and Nara Buddhism:
Focusing on the Shingon-in Hall at Tōdai-ji

TAKEUCHI Kōzen

In the second month of Kōnin 13 (822), Kūkai (774–835) established a consecration hall (*kanjō dōjō*) in the center of Tōdai-ji, the principal Buddhist monastery in the southern capital of Nara, and was ordered to conduct esoteric rituals for the safety and prosperity of the nation. This marked a significant moment when the imperial court, the major Nara temples, and Office of Monastic Affairs recognized esoteric Buddhism (*mikkyō*), the newest form of Buddhism brought back to Japan from Tang China by Kūkai. In this paper, I explore how esoteric Buddhism as transmitted by Kūkai became recognized at the time. To answer this question, I reexamine the previously identified relationship between Kūkai and the major Nara temples that led to this acceptance. The key factors for this include: 1) Kūkai's close association with high-ranking priests of major temples in Nara; 2) the attendance by priests of these temples to a consecration ceremony in Takao in the twelfth month of Kōnin 3 (812); 3) the entering of the priests from the Saeki clan in Sanuki Province into the major temples; 4) the integration of the teachings of the Ten Stages of Mind (*jūjūshin*); and 5) the theory of Kūkai's appointment as head monk (*bettō*) of Tōdai-ji.

In the second half of the paper, I analyze five documents that concretely shed light on Kūkai's connection to Tōdai-ji. These writings span from Kōnin 8 (817) to Tenchō 1 (824) and relate to the imperial order to build the consecration hall of Kōnin 13. Lastly, I discussed the early stage of the Shingon-in Hall, based on three foundational documents related to its establishment. Of the three, I question the authenticity of the document issued by the Office of Monastic Affairs on the third day of the fifth intercalary month of Jōwa (836), which stipulates that there be twenty-one ordained monks (*jōgakuso*).

The Shingon Sect, Temple Systems, Tōdai-ji as Seen from the Tang Dynasty, and Kūkai: Focusing on the Shingon-in Hall at Tōdai-ji

HORI Yutaka

In this paper, I first verify the authenticity of the Office of Monastic Affairs' record (*Sōgōchō*), dated the third day of the intercalary fifth month of Jōwa 3 (836), concerning Tōdai-ji's Consecration Hall (*Tōdaiji kanjō'in*). This verification allowed for the discovery of previously unknown historical materials related to the establishment of a training place for the consecration ceremony at Tōdai-ji. Through these texts, I found that austerities were regularly performed in the Consecration Hall starting in Kōnin 13 (822), indicating the high likelihood that the training for consecration occurred in the Nan-in (Southern Hall), in other words, in Tōdai-ji's Shingon-in Hall, and that this consecration training place was arranged annually.

Moreover, the Office of Monastic Affairs' record named the Shingon monks Jichie and Enmyō, who oversaw Tōdai-ji's Shingon-in Hall, as the selection committee of the hall's resident monks in Jōwa 3 (836). Later, however, they are listed merely as "head monks" (*bettō no sō*) without their names in the revised *Jōkan kyaku* (Regulations of the Jōkan Era). This evidence suggests that the system of naming two adminstrators for the Shingon-in remained the same from 836 to the period in which *Jōkan kyaku* was edited, though by 836, the head monks of Tōdai-ji were clearly in the position of managing the Shingon-in.

In conclusion, I found that the ritual in 822 was maintained by monks of various schools within Tōdai-ji. By contrast, in 836, this group consisted of twenty-one monks, who had no duties in the dining hall. These twenty-one monks were very likely Shingon monks, who formed a group together with the systemization of Shingon Buddhism developed by Kūkai's disciples after his death. However, compared to the Shingon monks who separated themselves from the major Nara temples, the twenty-one monks appear to have maintained their studies of various Buddhist traditions. This factor may have led to the early decline of the Shingon-in Hall at Tōdai-ji, while other temples with monks focused solely on the Shingon school grew.

The Creation of Statues in Early Shingon Temples and Kūkai's Perspectives on the Construction of Buddhist Images: Reexamining the Statues in the Tō-ji Lecture Hall

HARA Hirofumi

Scholars traditionally attributed the unique formation of the statues in Tō-ji's Lecture Hall to Kūkai (774–835). However, one theory that their completion dates to Jōwa 11 (844) necessitates a reconsideration of this previous notion. In this paper, I examine the Buddhist statues from Jingo-ji and Kongōbu-ji, two temples for which Kūkai led construction efforts. At Jingo-ji, early statues of the Five Buddha and the Five Wisdom Kings were made, though sculptures of esoteric Buddhist deities were not enshrined in the central temple structure there. At Kongōbu-ji, it seems highly improbable that a hall had ever been planned to enshrine Buddhist statues, including seven, which were lost to a fire in 1926 and which likely did not date back to Kūkai's time as previously thought. Similarly, no statues were enshrined in the Shingon-in Hall at Tōdai-ji, and no instance of esoteric Buddhist statues being carved for it can be found in the vows in the collected works of Kūkai, *Shōryōshū*. Through these findings, I conclude that Kūkai was not actively involved in the creation of statues in general. The wish to install statues in the Tō-ji Lecture Hall likely came after Kūkai's death, and both the idea and the making of the statues seem to have come from his disciple Jichie (786–847). Unlike Kūkai, Jichie, who studied at Tōdai-ji, appears to have been more proactive in using images to express doctrinal teachings.

Kūkai and the Kegon Doctrine: Focusing on the Verbalizability and Nonverbalizability of Buddhahood

DOI Natsuki

Kōbō Daishi Kūkai (774–835) critically engaged with the notion of the 'nonverbalizability of buddhahood' (J. *kabun fuka setsu*), or that the Buddha's state of awakening cannot be expressed in words, which is mentioned in *Huayan wujiao zhang* (J. *Kegon gokyōsho* or the *Five Teachings of Huayan*), authored by the Chinese Huayan master Fazang (643–712). Kūkai stated this 'nonverbalizability of buddhahood' is the limit of the Kegon teachings, whilst Shingon esoteric Buddhism itself is the teaching that reveals buddhahood.

Fazang's idea of the 'nonverbalizability of buddhahood' became a controversial subject amongst later Buddhist monks in China. Also in Japan, many monks, such as Juryō (n.d.) of Tōdai-ji, Saichō (766/767–822), Gen'ei (d. 840) of Daian-ji, and Fuki (n.d.), the author of *Kegon shū ichijō kaishin ron*, debated over this subject. Fuki especially referred to 'cause' (*inbun*) and 'fruition' or 'buddhahood' (*kabun*), while citing texts associated with Kūkai, indicating his consciousness towards Kūkai's statements as an opposing view.

In this paper, the relationship between Kūkai's Shingon Buddhist teachings and the Kegon doctrines will be explored through an examination of the debates on the verbalizability and nonverbalizability of the buddhahood in the Heian era.

The Underlying Current of Huayan and Esoteric Buddhism

YOSHIDA Eirei

As a backdrop to Kūkai's thought, we can find a continuity with the teachings of the Chinese Huayan master Chengguan (738–839), which was well known in Chang'an during the time Kūkai studied there. Having correctly absorbed the Buddhism of the time in Chang'an, Kūkai succeeded in systematizing an esoteric Buddhist teaching that had not realized in China by interweaving mantras, dharanis, and the world of mandalas, based on this foundation.

Later, Chan became mainstream in China, moving away from discussions concerning doctrine, placing importance on the everyday lives of ordinary people, and emphasizing the workings that humans inherently possess. This was an embodiment of the distinctive concept of interconnectedness in daily life, known in Huayan thought as "noninterference among phenomena" (Ch. *shi shi wu ai*). From an esoteric Buddhist perspective, it can be compared to juxtaposing the mandala world into everyday life.

In Chinese thought, the theory of the interrelationship between Heaven and humans (*tianren xiangguan*) had been consistently pursued, though with the collapse of aristocratic society following the An Lushan Rebellion (755–763), the focus shifted from Heaven to humans. For Buddhists, this theory was reflected in the interrelation between the "Buddha" (result) and the "reality of oneself" (cause). However, while Chinese Buddhism emphasized the "mind" of the individual, Japanese Buddhism placed greater importance on the "body."

第21回 ザ・グレイトブッダ・シンポジウム

令和５年

11月25日（土）

開会挨拶：橋村　公英（華厳宗管長・東大寺別当）

基調講演：武内　孝善（高野山大学名誉教授・空海研究所所長）

「空海と南都仏教—東大寺真言院を中心に—」

11月26日（日）

《研究報告》

堀　　裕（東北大学）「真言宗・寺院制度・唐からみた東大寺と空海」

原　浩史（慶応義塾志木高等学校）「初期真言院における造像と空海の造仏観
—東寺講堂諸像の再検討を中心に—」

土居　夏樹（高野山大学）「弘法大師空海と華厳教学—華厳三昧を中心に—」

吉田　叡禮（龍谷大学）「華厳と密教の底流」

全体討論会「東大寺と弘法大師空海」

木村　清孝（東大寺華厳学研究所所長・東京大学名誉教授）

武内　孝善（高野山大学名誉教授・空海研究所所長）

堀　　裕（東北大学）

原　浩史（慶応義塾志木高等学校））

土居　夏樹（高野山大学）

吉田　叡禮（龍谷大学）

ザ・グレイトブッダ・シンポジウム論集第二十一号
論集 東大寺と弘法大師空海

二〇二四年十一月二十三日 初版第一刷発行

編 集 GBS実行委員会

発 行 東大寺
〒六三〇—八五八七
奈良市雑司町四〇六—一
電 話 〇七四二—二二—五五一一
FAX 〇七四二—二二—〇八〇八

制作・発売 株式会社 法藏館
〒六〇〇—八一五三
京都市下京区正面通烏丸東入
電 話 〇七五—三四三—五六五六
FAX 〇七五—三七一—〇四五八

ISBN978-4-8318-0721-2 C3321

ザ・グレイトブッダ・シンポジウム論集

創刊号	東大寺の歴史と教学	品切
第二号	東大寺創建前後	品切
第三号	カミとほとけ―宗教文化とその歴史的基盤―	二、〇〇〇円
第四号	近世の奈良・東大寺	二、〇〇〇円
第五号	鎌倉期の東大寺復興―重源上人とその周辺―	品切
第六号	日本仏教史における東大寺戒壇院	二、〇〇〇円
第七号	東大寺法華堂の創建と教学	二、〇〇〇円
第八号	東大寺二月堂―修二会の伝統とその思想―	二、〇〇〇円
第九号	光明皇后―奈良時代の福祉と文化―	二、〇〇〇円
第十号	華厳文化の潮流	二、〇〇〇円
第十一号	平安時代の東大寺―密教興隆と末法到来のなかで―	二、〇〇〇円
第十二号	中世東大寺の華厳世界―戒律・禅・浄土―	二、〇〇〇円
第十三号	仏教文化遺産の継承―自然・文化・東大寺―	二、〇〇〇円
第十四号	古代東大寺の世界―『東大寺要録』を読み直す―	二、〇〇〇円
第十五号	日宋交流期の東大寺―奝然上人一千年大遠忌にちなんで―	二、〇〇〇円
第十六号	新羅仏教の思想と文化―奈良仏教への射程―	二、〇〇〇円
第十七号	明治時代の東大寺―近代化がもたらした光と影―	二、〇〇〇円
第十八号	東大寺と行基菩薩	二、〇〇〇円
第十九号	室町時代の東大寺	二、〇〇〇円
第二十号	良弁僧正―伝承と実像の間―	二、〇〇〇円

価格税別

法藏館

弘法大師空海と唐代密教　―弘法大師入唐千二百年記念―　静　慈圓編　六、五〇〇円
空海の行動と思想―上表文と願文の解読から―　静　慈圓著　二、八〇〇円
新装版　空海入門―本源への回帰―　高木訷元著　一、八〇〇円
空海教学の真髄―『十巻章』を読む―　村上保壽著　二、三〇〇円
弘法大師空海のことば100―行動と教え―　福田亮成著　一、九〇〇円
般若心経秘鍵への招待　高野山真言宗布教研究所編　一、五〇〇円
岡村圭真著作集1　空海思想とその成りたち　岡村圭真著　四、八〇〇円
新装版　真言密教の基本―教理と行証―　三井英光著　二、〇〇〇円
三教指帰と空海―偽撰の文章論―　河内昭圓著　二、三〇〇円
密教概論―空海の教えとそのルーツ―　越智淳仁著　四、〇〇〇円
最澄の思想と天台密教　大久保良峻著　八、〇〇〇円
日本古代の僧侶と寺院【日本仏教史研究叢書】　牧　伸行著　二、八〇〇円
東大寺の新研究　栄原永遠男・佐藤信・吉川真司編　各一七、〇〇〇円
1　東大寺の美術と考古　2　歴史のなかの東大寺　3　東大寺の思想と文化
東大寺要録【東大寺叢書】　東大寺史研究所編
一・二　各三〇、〇〇〇円　三　三五、〇〇〇円